ଭାତ ଖୋଜୁଖୋଜୁ

ଭାତ ଖୋଜୁଖୋଜୁ

ବାସୁଦେବ ସୁନାନୀ

ବ୍ଲାକ୍ ଇଗଲ୍ ବୁକ୍ସ
ଭୁବନେଶ୍ୱର, ଓଡ଼ିଶା

BLACK EAGLE BOOKS
Dublin, USA

BLACK EAGLE BOOKS

USA address:
7464 Wisdom Lane
Dublin, OH 43016

India address:
E/312, Trident Galaxy, Kalinga Nagar,
Bhubaneswar-751003, Odisha, India

E-mail: info@blackeaglebooks.org
Website: www.blackeaglebooks.org

First International Edition Published by
BLACK EAGLE BOOKS, 2021

BHATA KHOJUKHOJU
by **Basudev Sunani**

Copyright © **Basudev Sunani**

All rights reserved. No part of this publication may be reproduced, stored in a retrieval system, or transmitted, in any form or by any means, electronic, mechanical, photocopying, recording or otherwise without the prior permission of the publisher.

Cover & Interior Design: Ezy's Publication

ISBN- 978-1-64560-273-6 (Paperback)

Printed in the United States of America

ଉତ୍ସର୍ଗ

ଦେଶ
ଏତେ ବିକଶିତ ହେବା ସତ୍ତ୍ୱେ
ଯେଉଁମାନଙ୍କ ପେଟ ତଥାପି
ଭୋକରେ ଜଳୁଛି.... ।

ଅନେକ ଚରିତ୍ର, ଘଟଣା, ସ୍ଥାନ, ପରିବେଶ ସହ ମିଶିଲା
ବେଳେ ଯେଉଁମାନେ ମୋତେ ପ୍ରଭାବିତ କରିଛନ୍ତି ଏବଂ
କଲମ ଧରେଇ ଗାରେଇବା ପାଇଁ ଏକପ୍ରକାର ବାଧ୍ୟ କରିଛନ୍ତି,
ସେଇ ଚରିତ୍ରମାନଙ୍କ ପାଖରେ ମୁଁ ଋଣୀ, ସେଇସବୁ ଘଟଣା
ଅଭୁଲା, ସେଇସବୁ ସ୍ଥାନମାନ ଅପାଶୋରା, ସେଇ ପରିବେଶ
ସବୁଦିନ ପରିଚିତ, ପରିଚିତ ଲାଗୁଥିବ, ଶେଷ ନିଃଶ୍ୱାସ ଯାଏ।

ଅନେକ କବିତା ବିଭିନ୍ନ ସମୟରେ, ଭିନ୍ନ ଭିନ୍ନ ପତ୍ରପତ୍ରିକାରେ
ପ୍ରକାଶିତ ହୋଇଛି, ସେଇ ସବୁ ପତ୍ରପତ୍ରିକାର ସମ୍ପାଦକ /
ସମ୍ପାଦିକାମାନଙ୍କୁ ମୋର ଗଭୀର ସମ୍ମାନ ଜଣାଉଛି।

ଏ ପୁସ୍ତକ ପ୍ରସ୍ତୁତି ବେଳେ ଅନୁଜ ପ୍ରତିମ ଅଧ୍ୟାପକ ସଞ୍ଜୟ
ବାଗ୍ ଓ ଜଗନ୍ନାଥ ସାହୁଙ୍କ ସାହାଯ୍ୟ ସବୁବେଳେ ମନେ
ରହିବ।

'ବ୍ଲାକ ଇଗଲ ବୁକ୍ସ' ପ୍ରକାଶନ ସଂସ୍ଥା, ଏ କବିତା ବହିର
ପ୍ରକାଶନ ଦାୟିତ୍ୱ ନେଇଥିବାରୁ, ସଂସ୍ଥାର ମୁଖିଆ ଶ୍ରୀ ସତ୍ୟ
ପଟନାୟକଙ୍କ ପାଖରେ ମୁଁ କୃତଜ୍ଞ।

ଏ କବିତା ପୁସ୍ତକର ଗୋଟିଏ ଧାଡ଼ିବି କୌଣସି ପାଠକ /
ପାଠିକାକୁ ଭଲ ଲାଗିଲେ ମୋର ଲେଖା ସାର୍ଥକ ହେବ।

- ବାସୁଦେବ

ସୂଚିପତ୍ର

ଭାତ ଖୋଜୁଖୋଜୁ	୧୧
ସେ ରାସ୍ତାରେ ଯିବିନି	୧୬
ସଜନୀ	୧୯
ଅସହାୟ ସହର	୨୩
ମା' କେବେ ମରେ ନାହିଁ !	୨୬
ମଶାଣି ମୋହ	୨୮
ଠିକ ଭୁଲ	୩୧
ସବୁ ଜାଗା ବନି ଯାଇପାରେ ଯୁଦ୍ଧକ୍ଷେତ୍ର	୩୨
ଖରାପ ସମୟ	୩୪
ଏଫ୍ଆଇଆର୍	୩୭
ପ୍ରିୟ ଗଣତନ୍ତ୍ର	୪୦
ଗଣତନ୍ତ୍ର ଏବେ ସଙ୍କଟରେ	୪୪
ହଜି ଯାଇଥିବା ଦୃଶ୍ୟ	୪୬
ନାଗରିକ	୪୮
ଆତଙ୍କ	୫୧
ଲକ୍ଡାଉନ୍	୫୩
ରୁଟି ବେଲିବା ସହଜ ନୁହେଁ	୫୬
ନିଜ ଗାଁର ଠିକଣା	୫୮
ଅକ୍ତିଆର	୬୦
ମନେପଡୁଛି	୬୪
ଚୌକିଦାର	୬୮
କିଛି ଦିଶେନା	୭୦
ହେ ! ପାଖଣ୍ଡି	୭୨
ସମ୍ପର୍କ	୭୫
ସଂସ୍କାର	୭୭
ଅଲମାଲ ଫିଟି ଗଲେ	୭୯
ଘାଏଲା ମହାବଳ	୮୧
ଗଙ୍ଗା ସ୍ନାନ	୮୩
ଯେ ମୋର କ'ଣ ହେଇଛି ?	୮୪

ନୀରବତାକୁ ନେଇ ଛାନିଆ	୮୭
ସ୍ୱଚ୍ଛତା ହିଁ ସେବା	୯୦
ଭରସା	୯୨
କିଛି ବି ଘଟି ଯାଇପାରେ	୯୪
ଦୂରତା	୯୭
ରାସ୍ତା	୯୯
ପରମାନନ୍ଦ ଚାଲିଯିବା ପରେ	୧୦୧
ଶୀତରାତି ସବୁ ଦେଖୁଛି	୧୦୩
ଜିଅନ୍ତା ଇତିହାସ	୧୦୬
ଚୁପ୍ ଚାପ୍ ସନ୍ଦେଶ	୧୦୮
ବାହାରେ ତାପମାନ କେତେ ଥିବ ?	୧୧୦
ଘୃଣା	୧୧୨
ସହରୀ ଗଙ୍ଗା	୧୧୪
ଧାନ ମଞ୍ଜି	୧୧୭
ଶତ୍ରୁ	୧୧୯
ଆମ ଘର	୧୨୧
ଭିତରକନିକାର ମଗର	୧୨୩
କିଏ ନିଜର	୧୨୬
ରହସ୍ୟବାଦ	୧୨୭
ବିକାଶର କଥା	୧୩୦
ସୀମାରେଖା	୧୩୨
ହୋ ! କାମୁକ ପ୍ରବର	୧୩୫
କିଛି ସମୟ ନୀରବି ଯିବା	୧୩୭
ଚଟିଆ ପକ୍ଷୀ ଓ ସଜନା ଗଛ	୧୪୦
ହେଇ ଦେଖ ! ଆମ୍ଭହତ୍ୟା କଲି	୧୪୩
ମନେ ପଡୁଛି	୧୪୭
ଠିଆ ଉଲଗ୍ନ	୧୫୦
ମତାଧିକାରର ଉତ୍ସବ	୧୫୪
କିଏ ଏଇ ସାବିତ୍ରୀ ବାଇ ?	୧୫୭

ଭାତ ଖୋଜୁଖୋଜୁ

ସାରା ମୂଲକରେ ଜହ୍ନ ରାତି
ଶୁନଶାନ ବିଲ ମାଳ
ମହୁଲ ଗଛସାରା ଜୁଳୁଜୁଳିଆ ପୋକ
କେବେ କେମିତି କୋକିଶିଆଳିର ଡାକ
ମଝିରେ ମଝିରେ
ପାଖ ଗଛର ଘଞ୍ଚ ଅନ୍ଧାରରୁ ପେଚାର ରଡ଼ି !

ଜଣା ପଡୁନି
ରାତି କେତେ ହେଇଥିବ କେଜାଣି ?

ଶୀତ ପହରା ଦେଉଛି ଇଲାକା ସାରା
ଗୋଟିଏ ଚାଦରରେ ଶୀତ ଯାଉନି
ଚାଦର ଉପରେ ଗୋଟିଏ ପରସ୍ତ
ଶୁଖିଲା ପାଳର ଘୋଡ଼ଣି,

ଏମିତି ବି
ସଞ୍ଜବେଳେ ମଚା ତଳେ
ସୁଲୁଗେଇଥିବା ଝାଟିକୁଟିର ନିଆଁ ଲିଭିଗଲାଣି

ଗାଁ ଆଡୁ କୁକୁରର ଡାକ
ମଝିରେ ମଝିରେ ଶୁଭୁଛି ଯେ
ହୁଏତ ଅନାକାର ଘରୁ ବାହାରୁଥିବଣି !

ଲହଲହ ପାଚିଲା ଧାନର ବାସ୍ନା
ଖୁବ୍ ମନ ମତାଣିଆ
କାକର ଢ଼ଳଢ଼ଳ ପତ୍ରରେ
ଧାନ ପିନ୍ଧିଥାଏ ଝରିଗୁନା

ହୋ, ଭାଇନା
ଧାନକୁ ଟିକିଏ ଅନା !

ଅନେଇଲା ଅନାକାର

କେନ୍ଦୁଗଛର ଗଣ୍ଡିପରି ଫୁଙ୍ଗୁଲା ଦେହ ତା'ର,
ଅଣ୍ଟାରେ ବାନ୍ଧିଥିବ କସିକରି ଧୋତି
ତହିଁ ଖୋସିନେବ ପାଚେନ ଦାଆ
ନିଛିଟିଆ ଗାଁ ଖୋଲିରେ ପାଦ ପକେଇବ ତ'
ବୁଲା କୁକୁର ହେବେ ତରାତରା

ପଶିଯିବ ପାଚିଲା ବିଲ
କାଟିବ ଧାନ ସର୍‌ସର୍
କସିକରି ବାନ୍ଧିବ ଗୋଟିଏ ଭରା ତ'
କାଦୁଅ ଜୁଡୁବୁଡୁ ପାଦରେ ଫେରିଆସିବ ଘର

ବାଃ, କି କଲବଲ
ଭୋକର ଅତ୍ୟାଚାର !

ଭୋକ ଦେଇପାରେ ସାହସ
ଭୋକ ଦେଇପାରେ ଦମ୍ଭ
ଭୋକ କଢ଼େଇପାରେ ବାଟ ଅବାଟ
ଭୋକ ହାଣିପାରେ ପାପପୁଣ୍ୟର ବେକ
ଭୋକ ଭୁଲିପାରେ ସମ୍ପର୍କ ତ
ଭୋକ କରିପାରେ ଅନାକାରକୁ ନିର୍ଭିକ

ଧାନ ଭରାକୁ ଦୁଆରେ ଆଣି କଚାଡ଼ିବ
ଦମ୍‌ଦମ୍ ମାଡ଼ିବ
ଡହଡହ ଚୂଲୀ ଜାଳି କାଳିଆ ହାଣ୍ଡିରେ ସର୍‌ସର୍ ଭାଜିବ,
ମୁଷଳରେ ଦୁମ୍‌ଦୁମ୍ କୁଟି ଚାଉଳ ବାହାର କରିବ
ଡବଡବ ପାଣିରେ ଭାତ ଫୁଟେଇ
ପେଟପୂରା ଖାଇବ

ଯେତେବେଳେ ସେ ଖାଇସାରି
ବାହାରକୁ ପାଣି ଅଁଚିଗଲା ବେଳକୁ
ପାହାନ୍ତାର ଉଦିଆ ତରା ବଲବଲ ଚାହିଁବ

ବାଃ ରେ ବାଃ !
ଭୋକ ସତେ ରଚିପାରେ
କେତେବଡ ତାଣ୍ଡବ !

ମକଡଦମର ଗୋଡି ସେଇମିତି ଶୋଇଥିବ
ମଚା ଉପରେ, ପାଚିଲା ଧାନ ବିଲରେ

ଧୋତି ଉପରେ ଚାଦର
ଚାଦର ଉପରେ ଧାନର ଶୁଖିଲା ପାଳ
ତଥାପି ଶୀତ ନିଜ ନିଷ୍ଠାରେ ଅଟଳ
ମକଡଦମର ଗୋଡି ଶୀତରେ ଡହଳବିକଳ,

ଏଣେ ଯେ ଧାନ ଭରାକୁ ରାତାରାତି ନେଇ
ହଜମକରି ସାରିଲାଣି ଅନାକାର

ମକଡଦମ୍ ବୁଢା !
ବେଶୀ ସେ ବେଶି କ'ଣ କରିବ ଯେ ?
ବେହେରେନ କରିବ ?
ଫାଣ୍ଡି ଦେଖେଇବ ?
ଜେଲରେ ଭରିବ ?
ଗାଁରୁ ବାସନ୍ଦ କରିବ ?
ଶଳା ଡମ୍ ଧାନ ଚୋରି କରିଛି ବୋଲି
ରାଇଜ ସାରା ଗାଇବ ?

ହଉ, ଯାହା ପାରୁଛି କରୁ
କିଛି ପରବାଏ ନାଇଁ
ଜେଲକଷ୍ଟ କ'ଣ ଭୋକଠୁ ବଳି ଗଲାଣି ?

ଆରେ ଭାଇ !
ଏମିତି ଇଁ ଅନାକାର ସୁଖବାସୀ
ନା ଜମିନ, ନା ବାଡ଼ି, ନା ଗାଈ, ନା ଛେଳି
ଭୁତିଗଲେ ଖାଏ
ଭୁତି ନଡ଼ାକିଲେ ଭୋକରେ ଶୁଏ
ଗାଁର ଧନୀ, ମକଡଦମ୍, ଗଉଁତିଆ
ସଭିଙ୍କ ସେବା ପାଇଁ
ଅନାକାରର ପିଢ଼ି ପରେ ପିଢି
ଜନ୍ମ ନେଉଥାଏ

ତା' କର୍ମକକ୍ଷଣ ଜୀବନ ଶୈଳୀ ଇଁ
ସଠିକ ରାସ୍ତାରେ ଚାଲୁଥିବା
ଆମ ଦେଶର ଅର୍ଥନୀତିକୁ ବୁଝାଏ

ଏମିତି ଇଁ ସଞ୍ଜ ଆସୁଥାଏ
ସଞ୍ଜ ଯାଏ
ଯେତେବେଳେ ଅନ୍ଧାର ରାତିରେ ଆକାଶରେ
ତାରାର ମଲ୍ଲି ଫୁଟିଥାଏ ତ'
ବିଲରୁ ଫେରି ମା'ଟି ଛୁଆକୁ ଭାତ ଖୁଆଇଖୁଆଇ
ଜହ୍ନ-ତାରା ଦେଖାଇ ଗାଉଥାଏ
'ଏକ ତରା ଦୁଇ ତରା
ଭୋକ ବୁଲୁଛି ପେଟସାରା
ପେଟରେ ମାରି ଲାତ
ମକଡଦମ ଏବେ ଶୋଇପଡିଛି,
ଅନାକାର ଖୋଜୁଛି ଭାତ ।'

ସତକୁ ସତ
ଭାତ ଖୋଜିଖୋଜି
ଅନାକାରର ଜୀବନ ସରିଯାଏ ।

■

ସେ ରାସ୍ତାରେ ଯିବିନି

ମୁଁ ସେ ରାସ୍ତାରେ ଯିବିନି !

ଯିବିନି, ଏଇଥି ପାଇଁ ନୁହେଁ ଯେ
ଝାଡଜୁଡ୍ ସହ ଇସ୍ତିରିକରା ପେଣ୍ଟରେ
ସୁକ୍ ଲାଗି ଅସନା ହେବ

ଏଇଥି ପାଇଁ ନୁହେଁ ଯେ
ଡୋଲି ହିଡ଼ରେ ଲମ୍ବା ଏକ ଫାଟ୍ ପଡ଼ିବ
ପାଣି କାଦୁଅ ଲଚପଚ ଥିବ
ପେଣ୍ଟ ମୋଡ଼ି ବୁଟକୁ ହାତରେ ଧରିବାକୁ ପଡ଼ିବ

ଏଇଥି ପାଇଁ ବି ନୁହେଁ ଯେ
ପାଖାପାଖି କିଲୋମିଟରେ ରାସ୍ତା
ଚାଲିଚାଲି ଗଲେ
ଦେହ ଝାଲୁଆଝାଲୁଆ ଲାଗିବ
ଚଡ଼ି ଓଦା ହେଇଯିବ

ଶେଷରେ ନିର୍ଧାରିତ ବସ୍
ଫେଲ୍ ମାରିଯିବ

ମୁଁ ସେ ରାସ୍ତାରେ ଯିବିନି
କାରଣ, ପୋଡ୍ ପରିଆକୁ
କାଳେ ଦେଖାହେବ !

ପୋଡ୍ ପରିଆ !
ଜାତିରେ ଗଉଡ଼, ବୟସ ୬୫ ଉପର
ଗାଁ ସମ୍ପର୍କରେ ମାମୁଁ
ଧାନ, କପା, ମକା
କୁଦୋ, ବିରି, କାନ୍ଦୁଲକୁ ନେଇ
ଏକ ନିପଟ ଚାଷୀର ସଂସାର

ଖବର ନନେଲେ ବି
ମୋତେ କେବେ ବି ଲାଗୁନି ଯେ
ତା' ଖେତକୁ ପହଞ୍ଚି ଥିବେ
କୃଷି ଓଭର୍ସିଅର୍ ବା
କେବେକାଳେ କୃଷିମେଳାରେ
ଯାଇଥିବ ଭୁବନେଶ୍ୱର !

ଇତି ମଧ୍ୟରେ
ଆଟକୁ କରିସାରିଲାଣି ବାହେଲି
ବାହେଲିକୁ ବାହାଲ୍
ଟାଇଚୁନ ଧାନକୁ ପ୍ରତିବାଦ କରିଥିଲା
ଯୁବାକାଳେ ସରକାରୀ ସାର, ଔଷଧ ପାଇଁ
ଥିଲା ବିମୁଖ ବେଭାର

ଆଜିର ତାରିଖରେ ଗ୍ରହଣ କରିନେଇଛି
ସରକାରୀ ନିୟମ ସବୁ ପ୍ରକାର

ମୁଁ ଯଦି ସେଇ ରାସ୍ତାରେ ଯାଏଁ
କିଛି ନା କିଛି ଗୋଟାଏ
ସିଏ ତା' ବିଲରେ କରୁଥିବ

ନଜର ପଡ଼ିଲେ ଦୌଡ଼ିଆସି
ନାନା କଥା ପଚାରିବ
ପଚାରିବ, ଭୁବନେଶ୍ୱର ଆଡ଼େ
ଧାନର ରେଟ୍ କେତେ ଅଛି ?
ସେଠି କି, କି ପ୍ରକାର ଔଷଧ
ପକାଉଛନ୍ତି ଲେଡ଼ାପୋକ ପାଇଁ ?

ଆଛା !
କୃଷି ଋଣ ଛାଡ଼ ହେବାର
କିଛି ଖବର ଅଛି ?

ଆହେ। ଭନଜା !
କେନ୍‌କେନ୍ ଆଡ଼େ
ଚାଷୀମାନେ ମରିଯଉଛନ୍ ପରେ ?
ବାପ୍ରେ ବାପ୍
ଏସବୁ କିଛି ଶୁଣି ପାରିବିନି

ଏ ପ୍ରଶ୍ନ ସବୁର ଉତ୍ତର
ମୋ ପାଖରେ ବି ନାଇଁ

ନା, ଏତେ ଦ୍ୱନ୍ଦ୍ୱ କିଆଁ ?
ବରଂ, ମୁଁ ସେ ରାସ୍ତାରେ ଯିବିନି ।

■

ସଜନୀ

କେଉଁ ଆଡ଼େ
ଗଲୁରେ ସଜନୀ !

ତୋ ମହରଗ ଅପେକ୍ଷାରେ
ଯୁଗ ବିତିଗଲା,
ତଥାପି ମୁଁ ନିରାଶ ହେଇନି !

ତୁ' ଆସିବୁ ବୋଲି
ମେଲା କରିଦେଇଛି ଛାତିର ଛପର,
ଫିଟେଇ ଦେଇଛି ମନର ଝାଟିମାଟି ଦୁଆର

ତୁ' ଏତେ ଉଛୁର କିଆଁ ?

ତୋ ଆସିବା ବାଟରେ
କିଛି ଅଘଟଣ ତ' ଘଟିନି ?

ଭୟାତୁର ହୋଇ
ତୋତେ ମୁଁ କାଳକୂଟର ଦାନ୍ତରେ ଖୋଜୁଛି ଯେ
କାଳେ ତୁ' ବିଷେଇ ଯାଇଛୁ !

ପାଚିଲା କେନ୍ଦୁର ସୁଆଦରେ ଖୋଜୁଛି ଯେ
କାଳେ ତୁ' ମିଠେଇ ଯାଇଛୁ !

ମହାଜନ ଘରର
ପିଛାରକୁଡ଼େ ଖୋଜୁଛି ଯେ
କାଳେ ତୁ' ଏବେ ବି ଅସନା ଗୋଟାଉଛୁ !

ସଜନୀ ରେ !
ଏଣିକି ଉଛୁର ନକରି
'ଆମ୍ରପଲ୍ଲୀ' ର ଚାହାଣି ନେଇ
ଧାଇଁଧାଇଁ ଚାଲି ଆ'

ଏଠି ପଡ଼ିଆସାରା
ବିଛେଇ ହୋଇଛି ମୃଦୁମୃଦୁ ଖରା
ଢୋଲ ବଜେଇବଜେଇ ସେଇ ଖରାରେ ନାଚିବା
ନାଚି ଗାଇ ବେଦମ ହୋଇଯିବା

ତୋ ଝାଳ ସରସର ଅଣ୍ଟାରେ
ଗହଁଟିଆର ଆଖି ପଡ଼ିବା ପୂର୍ବରୁ
ଆମେ ପିପଲ୍ ଗଛର ଛାଇତଳେ ଲୁଚିଯିବା

ସେଇ ଛାଇ ଭିତରେ
ପାଖାପାଖି, ଜାକିଜୁକି ହେଇ ବସିବା
ନିଶ୍ୱାସ ଗଣିବା, ଉଷୁମ ଟାଣିବା
ସେଇଠି ଶୁଣେଇବି ସଜନୀରେ
ଏକ ରଜାର କଥାନୀ:

ରଜା ବୋଲି ରଜାଟିଏ ତଥାଗତ ନାମେ
ତା' ବିଚାର ବୁଲୁଥାଏ
ଗ୍ରହ ଉପଗ୍ରହ ସୁରୁଜର ଆଲୁଅ ଯେସନେ ।

ସଜନୀ !
ସେଇ ବିଚାରରେ ଉଡ଼ିଉଡ଼ି,
ଯେଉଁଠି ଥିଲେ ବି
'କାରୁବାକୀ'ର ପାଦଧୂଳି ନେସିହୋଇ ଚାଲି ଆ !

ତୁ' ଆସିବାକ୍ଷଣି
ଗାଁ ପୋଖରୀକୁ ଯାଇ
ଦୁହେଁ ଉଠେଇ ଫିଙ୍ଗିଦେବା
ସେଇ ତୁଠର ପଥର
ଯେଉଁଠି କାଳକାଳରୁ
ଲଟକିଛି ଅସ୍ପୃଶ୍ୟତାର ଜହର

ଦୁହେଁ ପହଁରିପହଁରି, ଘସିମାଜି ହେଇ
ପାଖ ନଈରେ ଗାଧୋଇବା
ଯେଉଁ ନଈର ଧାରରେ ବୋହିଯିବ
ଆମ ଦେହର ମଳି ସମୁଦ୍ର ଭିତର
ହୁଏତ, ଭିନ୍ନ ଏକ 'ଇନ୍ଦ୍ରଦ୍ୟୁମ୍ନ' ଗୋଟେଇ ନେଇ
ଗଢିନେବ ଛୁଆଁ-ଅଛୁଆଁ ନଥିବା
ଏକ ସୁନ୍ଦର ସହର ।

ତୁ' ଆସିଲେ
ତୋ ନାକ ପୁଡ଼ାରୁ ଆଣିବି
ଦମକାଏ ପ୍ରଶ୍ୱାସ ଆଉ
ଘୂର୍ଣ୍ଣିକରି ଛାଡ଼ି ଦେବି ଯେ
ସବୁ ଘର ଅଗଣାରୁ ଉଡ଼େଇ ନେବ
ଜାତି-ଅଜାତିର ବିଶ୍ୱାସ

ତୁ' ହଁ କଲେ
ତୋ ଚାହାଣିରୁ ଆଞ୍ଜୁଳାଏ ଆଲୁଅ ନେଇ
ବୁଣିଦେବି ସେଇ ଅନ୍ଧାରି ଅଗଣାରେ

ଯେଉଁଠି ଏବେ ବି ପରମ୍ପରାରେ
ନିଚ୍ଚ ଜାତିର ଲୋକେ ବସିବା ମନା

ସମ୍ମତ ହେଲେ,
ତୋର କାଦୁଅ ସରସର ପାଦରୁ
ମୁଠାଏ ମାଟିନେଇ
ଢାଳିଦେବି ସେଇ ଦେଉଳ ବେଢ଼ାରେ
ଆଉ ରୋଇଦେବି ଏକ ଫୁଲଗଛ ଯେ
ଦେଉଳ ସାରା ମହକୁଥିବ
ଅଜାତିଆ ସୁନ୍ଦର ଫୁଲର ବାସ୍ନା

ଏତେ ଏତେ ସ୍ୱପ୍ନ ସାଇତିଛି,
ଏତେ ଏତେ କଳ୍ପନାକୁ
ଥିର, ପାଣି ଦେଇ ପୋଷିଛି

ଆଉ କେତେ କାଳରେ ସଜନୀ ?

ତୋର ଅପେକ୍ଷାରେ
ବୟସ ଉଚ୍ଛୁର ହେଲାଣି,

ଭୟ ଲାଗୁଛି, ତୋ ଉଚ୍ଛୁର ଦେଖି
କାଳେ ସେ ମହାକାଳର ଯୋଗିନୀ-ମାଲ୍ୟାଣୀ
ମୋତେ ମେଣ୍ଢା କରିଦେବ
ଆଉ ଦେଖି ଦେଖି ବି ମୋତେ
ତୁ ଚିହ୍ନି ପାରିବୁନି !

ଆଉ କେତେ କାଳ ?
ଆଉ କେତେ କାଳରେ ସଜନୀ ?

ଅସହାୟ ସହର

ମଲା ଅଜଗର ପରି ଶୋଇପଡିଛି
ଏକ ଛିନାଛିନା ରାସ୍ତା,

ଯେଉଁ ବୁଲାକୁକୁର
ଏ ରାସ୍ତା ଡେଇଁବାକୁ ଭୟକରୁଥିଲା
ଏବେ ସିଂହପ୍ରାଏ ବେଧଡକ୍ ବୁଲୁଛି

ଏ ରାସ୍ତା ଚିହ୍ନିଥିଲା ଉଈହୁଂକାରୁ ବାହାରୁଥିବା
ବତ୍ରିକିରା ପରି ହୁଦାହୁଦା
ମଟରଗାଡ଼ି, ଜନଗହଳି

ଚିହ୍ନିଥିଲା ସେଇ କଚଡା ସଫା କରୁଥିବା
ଅସନା ପାପୁଲି,
ଶ୍ରମ ଛଳଛଳ ପେଡାଲ ମାରୁଥିବା ଝାଲୁଆ ପାଦ
ସୁଲଭ ପାଇଖାନାରୁ
ଢକ୍‌ଢକ୍ ପାଣିପିଉଥିବା ଶୁଖିଲା କଣ୍ଠନଳୀ

ରାସ୍ତାକଡ଼ ଦୋକାନରୁ
ଶସ୍ତା ରାଜ୍ମା-ଭାତରେ ପେଟ ପୂରାଉଥିବା
ଭୋକିଲା ପାକସ୍ଥଳୀ

ଦିନେ ଏମାନେ
ପତ୍ନୀର ପ୍ରେମ, ପୁଅଝିଅର ସ୍ନେହ
ଭିଟାମାଟିର ମମତା ବନ୍ଧୁ ପରିଜନର ତାଗିଦା
ସବୁକୁ ପାଦରେ ମକଚି
ଭୋକର ବୋଝକୁ ବୋହି ଦୌଡି ଆସିଥିଲେ ଦିଲ୍ଲୀ
ଅଜାଡ଼ି ଦେଇଥିଲେ
ତାଂକ ସ୍ୱପ୍ନ, ଶ୍ରମ ଓ ସାମର୍ଥ୍ୟ ତ'
ଖିଲିଖିଲେଇ ଉଠିଥିଲା ସହର ମହକି ଉଠିଥିଲା
ଘର, ଦ୍ୱାର, ନାଲି, ଗଳି
ଛକ, ମଲ୍, ଅଫିସ, ପାର୍କ, ଷ୍ଟେସନ, ବଜାର

ସବୁଠି ସଫାସୁତରା
ହସହସ ଜନଗହଳି

ଆଖିରେ ଅହଂକାରର ପରଳ ଥିଲା ବୋଲି
ଆମେ ଦେଖି ପାରିନଥିଲୁ
ଅଭାବ ଭର୍ତ୍ତି ସହର ତଳି,
ରାସ୍ତାକଡ଼ର ପାଦେ ମାଟିରେ,
ଗଛମୂଳେ, ଦୋକାନ କଡ଼େ
ନିଇତି ନିଇତି ଜୁଝୁଥିବା
ତାଙ୍କ ଜୀବନ ଅର୍ଦ୍ଦଳି

ଏବେ ସେ ରାସ୍ତାକଡ଼ ଖୁବ ଛିନା ଛିନା !

ନା ପାଦ, ପାପୁଲି, ପାକସ୍ଥଳୀ
କେହି ଦେଖାଯାଉ ନାହାନ୍ତି

ସବୁଜାକ ଭୋକ, ଅଭାବକୁ
ଝୋଲାରେ ଗଁଠେଇ

କେବେ ଛାଡ଼ି ଆସିଥିବା
ସେଇ ଭଙ୍ଗା କାନ୍ଥ, ଉଜୁଡ଼ା ଛପର,
ପରିତ୍ୟକ୍ତ ଅଗଣା ଆଡ଼କୁ ମୁହାଁଇଛନ୍ତି ତ'

ଜୁଆଡ଼େ ଦେଖିଲେ
ମଲା ଅଜଗରପରି ଶୋଇ ପଡିଛି
ଅସହାୟ ଦିଲ୍ଲୀ

ଆଛା !
କେହି କହି ପାରିବେ ?

ଏତେ ଏତେ ନେତା, ବିତ୍ତଶାଳୀ ବ୍ୟକ୍ତି, ଶିଳ୍ପପତି
ସହରରେ ମହଜୁଦ ଥିବା ସତ୍ତ୍ୱେ
ଦେଶର ମୁଖିଆ କିଆଁ ହାତଯୋଡ଼ି କହୁଛି
ଏ ମାମୁଲି ପାଦ, ପାପୁଲିକୁ ରହିଯାଅ ବୋଲି ?

କିଏ କାହାକୁ ବେଶି ନିର୍ଭର ?

ଏମାନଙ୍କୁ ଲୋଡ଼େ ଦିଲ୍ଲୀ ନଗର ନା
ଦିଲ୍ଲୀକୁ ଏ ପାଦ, ପାପୁଲି ?

■

ମା' କେବେ ମରେ ନାହିଁ !

କେବେ, କେହି କ'ଣ ଶୁଣିଛ, ଦେଖିଛ
ମା'ଟିଏ ମରିବାର ?

ମଣିଷ ମରେ, ହେଲେ
ମା' କେବେ ମରେନାହିଁ, ମରିପାରେ ନାହିଁ

ସବୁବେଳେ ପାଖେପାଖେ ଥାଏ,

ଜୀଇଁଥିଲେ ଆଖିରେ
ଆଉ ମଣିଷ ରୂପ-ଅନ୍ତେ ଛାତିରେ,
ପ୍ରତିଟି ଛେଉଣ୍ଡକୁ
ଚିରା ପଣତରେ ସଜାଡୁଥାଏ ।

ମରେନାହିଁ ବୋଲି ତ'
ପ୍ରତୀକ ସ୍ୱରୂପ ମାଟିକୁ,
ଦେଶକୁ ବି ମା' ବୋଲାଯାଏ !

ଆଉ ସେଇଥିପାଇଁ ହିଁ
ଦେଶ, ମାଟି ବି ବଞ୍ଚିରହେ
ଅବିକଲ୍ ମା' ପରି ଯୁଗଯୁଗ ଯାଏଁ ।

ଯେଉଁଦିନ ମରିଯାଏ ମା'
ସେଇଦିନ ଫାଟିଯାଏ ମାଟି,
ଭାଂଗିଯାଏ ଦେଶ

କାରଣ ମା', ମାଟି, ଦେଶ ଭିତରେ
ଗୁନ୍ଥି ହେଇଥିବା ସ୍ନେହ ଆଦରରେ
ବିଶେଷ କିଛି ନଥାଏ ଫରକ

ବହୁ ଯୁଗ ପରେ
ହୁଏତ ଆଜି ମା'ଟିଏ ମରିଗଲା

ଲୁଚିଛପି, କୁଡ଼ିଆ ଭିତରେ
ବା ଅଜଣା ଗାଁ ବିଲରେ ନୁହେଁ
ବରଂ ଜାତୀୟ ରେଳକଡରେ, ସୂର୍ଯ୍ୟାଲୋକରେ
କୋଟିକୋଟି ଲୋକଙ୍କ ଆଖି ସାମ୍ନାରେ

ଆଶ୍ଚର୍ଯ୍ୟ ଯେ
ମାଟି ଫାଟିଛି ନା ନାଇଁ
ଦେଶ ଭାଂଗିଛି ନା ନାଇଁ
ଏଯାଏଁ କିଛି ବି ଖବର ପହଞ୍ଚିନି
ଦେଶର ସେଇ ଶହେ ପଚିଶ କୋଟି
ଅନାଥ, ଅବୋଧ ଶିଶୁମାନଙ୍କ ପାଖରେ !

■

ମଶାଣି ମୋହ

ଖାଲି ମଶାଣିଟିଏ ଲୋଡ଼ା ବୋଲି
ଧପାଲି ଚାଲିଛି ଏତେ ଦୂର !

ସବୁ ଜାଗା
ମଶାଣି ହୋଇପାରେନା
ଏ କଥା କାହାକୁ ଅଜଣା ?

ଏ ହାତ ସେଇଠିବି କୁଟୁଥିଲା
ଏ ପାଦ ଏଇଠିବି ଉଠିବ
ଏ ପେଟ ସେଇଠି ବି ଜଳୁଥିଲା
ଏ ବୁକୁ ଗାଁରେ ବି ତରଳିବ

ସେ ଜାଣେ
ଛାଡ଼ି ଆସିଥିବା ନିଜ ଗାଁରେ
ମାଟି ଚୂଲୀ ଉଜୁଡ଼ି ଯାଇଥିବ,

ଗହଁତିଆ ଘର ବିଲକାମକୁ
ଟ୍ରାକଟର, ପାୱାର ଟିଲର୍ ହଡ଼ପ କରିସାରିଥିବ,

ଗାଁ ଖୋଲିର ଆତ୍ମୀୟତାକୁ
ସହର ଝାମ୍ପି ନେଇଥିବ,

ଜାଣେ ବି
କେନ୍ଦୁ, କଁଟିକୋଳି
ଚାଆଁର, ମହୁଲ
ଗାଁ ପାଇଁ ଏଣିକି ଅଚିହ୍ନା ପଦାର୍ଥ ପାଲଟିଥିବ

ଏସବୁ ସତ୍ତ୍ୱେ ସିଏ ଧପାଲୁଛି !

ମୁଣ୍ଡରେ ଅବୁଝା ସଂସାର,
ପାଦରେ ବୋଝଟିଏ ବାଧବାଧକତାର,
ଧୂ ଧୂ ଖରାରେ ବି
ସାମ୍ନାରେ କିଟ୍‌କିଟ୍ ଅଂଧାର,
ପଛରେ ସହରର ଅସହ୍ୟ ଧିକ୍କାର !

ସିଏ ଚାଲୁଥିବା ତାତିଲା ସଡ଼କରେ

ବିଛେଇ ଦିଆଯାଇଛି
ସମସ୍ତ ତାଗିଦାର କାନୁନ୍,
ଗାନ କରାଯାଉଛି ଲୋଭିଲା ଯୋଜନାର ଆଶ୍ୱାସନା,
ବ୍ୟବସ୍ଥା କରାଯାଇଛି ବନ୍ଦଗାଡିର ଆଦେଶନାମା,
ରୋଇ ଦିଆଯାଇଛି
ପ୍ରତି ପାହୁଣ୍ଡରେ ଜାତିଜାତିକା ଅତ୍ୟାଚାର ।

ଏଇ କଳବଳ ବେଳା ହିଁ
ଆହୁରି ଚେତେଇ ଦେଉଛି
ସେ ଚିହ୍ନା ମୋହ
ଯେଉଁ ମୋହରେ ପଡ଼ି

ଆପି ଚାଲିଛି ତା'ର ରକ୍ତ ସରସର ଖାଲିପାଦ
ମାଇଲ୍ ମାଇଲ୍, ଦୂର ବହୁଦୂର

ଏ ମୋହ
ପେଟର ନୁହେଁ କି ପାଟିର
କେବଳ ଆଉ କେବଳ
ମାଟିର, ମଶାଣିର

ଆମେ ଜାଣୁ,
ମାଟି ଉପରେ ଠିଆ ହୋଇଥାଏ ମଶାଣି
ହେଲେ କେହି ଜାଣି ପାରନ୍ତିନି,
ମଶାଣିକୁ ଗଲାପରେ ସେଇ ମାଟି
ନିଜର ହୋଇ ରହେ ନା ନାଇଁ ?

ଏସବୁକୁ ଖାତିର ନକରି
ତଥାପି ସିଏ ଧପାଲୁଛି,
ଆଉ ଧପାଲୁଛି !

ଅଳନ୍ଧୁଲଗା ସମ୍ପର୍କର
ଏକ ଅଜଣା ଧୁକଧୁକିରେ
ଲଟକିଥିବା ଭିଟାମାଟିକୁ
ଥରୁଟିଏ ଯେମିତି ଡୁଗଡୁଗ୍ ଦେଖିଦେବା ପାଇଁ !

ଶେଷ ନିଃଶ୍ୱାସନେବା ପୂର୍ବରୁ
ମୋହାଛନ୍ନ ମଶାଣିକୁ
ମୁହୂର୍ତ୍ତଟିଏ ଯେମିତି ଭେଟହେବା ପାଇଁ !!

■

ଠିକ ଭୁଲ

ଥରେ ପଚାରିଲି ପୋଲିସକୁ:

ଆଛା ! ତମେ ସେ ମଣିଷକୁ
ଛାତିରେ ସିଧା ଗୁଳି ଫୁଟେଇ ମାରିଦେଲ,
ତମକୁ କିଛି ଖରାପ ଲାଗିଲାନି ?

ଉତ୍ତର ଆସିଲା:
ମଣିଷକୁ କେତେବେଳେ ମାରିଲି
ମୁଁ ତ' ମୁସଲମାନକୁ ମାରିଥିଲି

ଏତକ ଶୁଣି
ଏକ ମହାଗ୍ରନ୍ଥର ଉଦ୍ଧାରଣ ମନେ ପଡ଼ିଗଲା,
ବାସ୍ତବରେ, ଅର୍ଜୁନ ପରିବାରଜନକୁ ନୁହେଁ
ବିପକ୍ଷ ଶତ୍ରୁକୁ ହିଁ ମାରିଥିଲା

ପୋଲିସଟା ଠିକ କହିଲା ।

ସବୁ ଜାଗା ବନି ଯାଇପାରେ ଯୁଦ୍ଧକ୍ଷେତ୍ର

ହଲଦୀଘାଟ, ପାନିପଥ, କୁରୁକ୍ଷେତ୍ର, ଇତ୍ୟାଦି
ଯେବେ ପ୍ରଥମେ ପ୍ରଥମେ
ସ୍କୁଲ ଇତିହାସ ପୃଷ୍ଠାରେ
କଞ୍ଚା ଆଖିରେ ଦେଖିଲି ତ'
ଲାଗିଲା, ଏସବୁ ହୁଏତ
ଏକ ଏକ ନିର୍ଦ୍ଧାରିତ ଯୁଦ୍ଧକ୍ଷେତ୍ର

ଯେମିତି ଥାଏ
ଜାତୀୟ ସ୍ତରର ଖେଳ ପାଇଁ
ନିର୍ଦ୍ଧାରିତ ଖେଳପଡ଼ିଆ,
ଇଡେନ୍ ଗାର୍ଡେନ, ବାରବାଟି, ତାଲକୋଟରା,

ଶତ୍ରୁ ସୈନ୍ୟ ଆସନ୍ତି
ଯୁଦ୍ଧ କରନ୍ତି ଓ ଚାଲି ଯାଆନ୍ତି

ଆଜି ପାକଲ ଆଖିରେ
ଶାହୀନବାଗକୁ ଦେଖିଲା ପରେ ଲାଗୁଛି

କୌଣସି ସ୍ଥାନ ବି
ହୋଇଯାଇ ପାରେ ଯୁଦ୍ଧକ୍ଷେତ୍ର
ସାଧାରଣ ଲୋକ ବି ବନି ଯାଇପାରେ ଯୁଦ୍ଧଖୋର ମଣିଷ

କୌଣସି ମୁହୂର୍ତ୍ତରେ ବି
ଘଟେଇ ଦିଆ ଯାଇପାରେ ଯୁଦ୍ଧର ଆତଙ୍କ
ଆଉ ଯେକେହି ମଣିଷକୁ ବି
କରାଯାଇପାରେ ଯୁଦ୍ଧବନ୍ଦୀ

ରାଜା ଚାହିଁଲେ, ଶାହୀନବାଗ ପରି
ସବୁଜାଗା ବନିଯାଇପାରେ
ହଳଦୀଘାଟ, ପାନିପଥ, କୁରୁକ୍ଷେତ୍ର ।

■

ଖରାପ ସମୟ

ମୁଁ ଯେବେ କଲମ ଉଠାଉଛି ତ'
କାହିଁ କେଉଁ ଦୂର ବିଲରେ ଧାନକେଣ୍ଟାର
ଶୁଖିଶୁଖି ଆସୁଥିବା ପତ୍ର
ମରୁଡି ମାଟିରୁ ଡାକପାରୁଛି

ଛାଏଁଛାଏଁ ଶୂନଶାନ ରାତିରେ
ଏକ ଭୂତ ଦେଖିବାର ଛନକା
ମୋତେ ଜାବୁଡି ଧରୁଛି

ଡାଏରୀର ପୃଷ୍ଠା ଖୋଲୁଛି ତ'
ବାଙ୍ଗାଲୋର କାରଖାନାରେ ସିମେଣ୍ଟ ବସ୍ତାବୋହି
ମରିପଡ଼ିଥିବା ଆମ ଗାଁ ମଦନର ଶବ
ଟ୍ରେନରେ ବୁହାହୋଇ ଆସୁଛି ଯେ
ତା' ନିରୀହ ଚେହେରାର ଅସହାୟତା
ଡାଏରୀକୁ ବନ୍ଦକରି ଦେଉଛି

ଚୌକିରେ ବସି କିଛି ଭାବିବାକୁ ବସିଲେ
ନା ବିମା, ନା କୃଷିଋଣ
କିଛି ବି ପାଇନଥିବା
କୃଷକର ଶୁଖିଲା ଝାଳର ଗନ୍ଧ

ଏମିତି ନାକ ଫଟେଇ ଦେଉଛି ଯେ
ନା ଉଠି ହେଉଛି, ନା ବସି ହେଉଛି
ଏକ ଜବରଦସ୍ତ ବ୍ୟତିବ୍ୟସ୍ତଟିଏ
ଅଣନିଃଶ୍ୱାସୀ କରିଦେଉଛି

ମୁଁ ଖଟରେ ଶୋଉଛି ତ'
ସଫା ବେଡସିଟର ବାସ୍ନା ଭିତରେ
କୋଳାହୋଳଟିଏ
ଏମିତି ବାଗରେ ଲଟକି ରହିଛି ଯେ
କଡ ଲେଉଟାଇଲାବେଳେ
ଦୁଷ୍କର୍ମର ଶିକାର ହୋଇଥିବା
କୁନ୍ଦଲି ଗାଁର କଅଁଳା ଯୁବତୀର ଯନ୍ତ୍ରଣା
ସ୍ପଷ୍ଟ ବାରି ହୋଇପଡୁଛି ।

ମୁଁ ପାଦ ପକାଉଛି ତ'
ପାଦ ତଳରୁ ଶବ୍ଦମାନେ ବାହାରି
ବାଟ ଓଗାଳୁଛନ୍ତି
କହୁଛନ୍ତି: ଆମେ ସେଇ ଲୋକମାନେ
ଯାହାଙ୍କ ଘରକୁ
ଜାତିଆଣ ଭାବନେଇ ପୋଡ଼ି ଦିଆଯାଇଛି

ଏଣିକି ତୁ କୁଆଡେ ଯାଉଛୁ ?

କବି ବୋଲାଉଛୁ ପରା, କହି ଦେ' ତ' ?
ୟା'ର ସମାଧାନ
ମନ୍ଦିର, ମସଜିଦ, ଗୀର୍ଜା ନା
ବୁଦ୍ଧ ବିହାରରେ ରହିଛି ?

ଏଣିକି କଲମ ଉଠେଇଲେ ଇଁ
ଏ ସମସ୍ତ ଘଟଣାମାନଙ୍କୁ
ସାମ୍ନା କରିବାକୁ ପଡୁଛି,

ଏବେ ମୁଁ କ'ଣ କରିବି ?

ଲାଗୁଛି, କବିତା ଲେଖିବାକୁ
ଏହା ଅନୁକୂଳ ବେଳା ନୁହେଁ,
ସଂଭବତଃ, ମୁଁ ଏକ ଖରାପ ସମୟ ଦେଇ ଗତିକରୁଛି ।

■

ଏଫ୍‌ଆଇଆର୍

ଦିନେ ଇଣ୍ଡିଆ ଗେଟ ପାଖରେ
ଦେଖିଲି ଜଣେ ଯୁବତୀ
ତ୍ରିରଂଗା ଶାଢି ପିନ୍ଧି
ଲହୁଲୁହାଣ କାନ୍ଦୁଥିଲା

ତାକୁ ଘେରି ଘୋ... ଘୋ... ହୋ ... ହୋ ...
ହେଉଥିଲେ ଦଳେ ଲୋକ

କିଏ ଟେକା ଫିଙ୍ଗୁଥିଲା
କିଏ ଲାତବିଧା ମାରୁଥିଲା
କିଏ ଶାଢ଼ିକାନି ଟାଣି ଉଲଗ୍ନ ଭୋଗୁଥିଲା

ପାଖରେ ଠିଆ ହୋଇଥିଲେ
କିଛି ସୁରକ୍ଷା କର୍ମୀ
ସେମାନେ ଥିଲେ ନିର୍ବିକାର ଯୁବାତୀର ଅବସ୍ଥା
ମୂମୂର୍ଷୁ ପ୍ରାୟେ ହୋଇ ଉଠିଥିଲା

ଦେଖୁଦେଖୁ ଯୁବତୀଟି କିଛିକ୍ଷଣ ପରେ
ଭୁଇଁରେ ଟଳିପଡିଲା ଓ ଛଟପଟ ହେଲା

ହୁଏତ ଆଉ ସହି ପାରିଲେନି
ପାଖରେ ଚା’ ପିଉଥିବା କିଛି ଯୁବକ,
ଦୌଡ଼ିଆସି ଝିଅଟିକୁ ଉଠେଇ ଧରିଲେ
ସୁରକ୍ଷା ଦେବାକୁ ଯାଇ ପୋଲିସ-ଥାନା ନେଲେ

ମୁମୂର୍ଷୁ ଝିଅଟିର ଏଫ୍.ଆଇ.ଆର୍.
ଦର୍ଜ କଲାବେଳେ
ପୋଲିସ ପଚାରିଲା ନାଁ ?

ଝିଅଟି ଉତ୍ତର ଦେଲା- ‘ଗଣତନ୍ତ୍ର’

ଘର ?
‘ଭାରତବର୍ଷ’

ରକ୍ତସ୍ରାବ ବହୁତ ହେଉଥିଲା
ତେଣୁ ପଚାରିଲା
ବ୍ଲଡ ଗ୍ରୁପ ମନେ ଅଛି ?
କହିଲା, ‘ସମ୍ବିଧାନ’

ତୁମର ଅପରାଧ ?
କାନ୍ଦିକାନ୍ଦି ଝିଅଟି କହିଲା- ‘ଧର୍ମ ନିରପେକ୍ଷବାଦ’

କେଉଁ ଅସ୍ତ୍ରରେ ଆକ୍ରମଣ କଲେ ?
ପୁଣି ଉତ୍ତର ଦେଲା-
‘ଜାତି, ଧର୍ମ ଆଦି ବୈଷମ୍ୟର ଫାର୍ସା ଆଉ ଫୋପଡ’

ଅତ୍ୟାଚାରୀକୁ ଚିହ୍ନି ପାରିବେ ?
ଝିଅଟି ବଡ ଦମ୍ଭରେ କହିଲା-
ହଁ, ‘ରାଜନୈତିକ ପରିବାର’

ଶେଷ ପ୍ରଶ୍ନର ଉତ୍ତର ଶୁଣି
ଛାଏଁଛାଏଁ ପୋଲିସ ବାବୁ

ଏଫ୍.ଆଇ.ଆର. ଲେଖିବା କାଗଜକୁ
ବଦଳେଇ ଦେଲା

କେସଟା ସେଇଠି ଅଟକି ଗଲା ।

ପ୍ରିୟ ଗଣତନ୍ତ୍ର

ଗୋଟିଏ ହୁଙ୍କାରରେ
ଏବେ ହୁରିପଡ଼ି ଯାଇଛି
ରେରେ... କାର, ଜେଜେ... କାର
ଧରଧର, ମାରମାର ..

ଚାରିଆଡ଼େ କ୍ଷତ ଇ କ୍ଷତ
ଦେଶ ଏବେ କୋଳାହଳର ବଜ଼ାର

ସହର, ନଗର, ଗାଁ, ପଡ଼ା
ହାଟ, ପ୍ରାର୍ଥନା ଘର
ଏପରିକି ବନ୍ଧ-ଘାଟ, ସମୁଦ୍ର-କୂଳ
ଚାରିଆଡ଼େ କେବଳ ହୁଙ୍କାର

ହତ୍ୟା, ଧର୍ଷଣ, ଦଙ୍ଗା, କର୍ଫ୍ୟୁ
ମୋବାଇଲ, ଇଣ୍ଟରନେଟ ବନ୍ଦ
କିଛି ବି ଭିଆଇପାରେ
କିଛି ବି ତାଣ୍ଡବ ରଚିପାରେ ଏ ହୁଂକାର

ତେଣୁ ବ୍ୟସ୍ତ ହ ନା !

ଜଙ୍ଗଲର ଝଡ଼ି ଯାଇଥିବା
ପତ୍ରଗଦା ଭିତରେ ବିଛାପରି ଲୁଚିଅଛୁ ଯଦି ଚାଲି ଆ... !

ସହରର ସକାଳ ମଇଳା ଗଦାରେ
କଳଙ୍କିଲଗା ଆଲପିନ ପରି
ସେମେଟି ଯାଇଛୁ ଯଦି ବାହାରି ଆ... !

ସମୁଦ୍ର କୂଳର ଭଙ୍ଗା ଡଙ୍ଗା ତଳେ
ଅତଳ ପାଣିରୁ ଭାସି ଆସିଥିବା
ମୃତ ଶାମୁକାର ଖୋଳପା ପରି
ଛପି ଯାଇଛୁ ଯଦି ତଥାପି ଚାଲି ଆ... !

ଜାଣେ, କେହିଜଣେ ସିଂହାସନ ଲୋଭରେ
ଏବେ ରକ୍ତମୁଖା !

ଜିଭରେ ସହସ୍ର ତୀକ୍ଷଣ ଛୁରୀର
ବୈଚାରିକ ଦାଢ଼,
ଆଖିରେ ଚକଚକ ବିଜୁଳୀର ଆଦିମ କ୍ରୋଧ
ମନରେ ଏକ ଜଙ୍ଗଲି ହାତୀର
ଅହଙ୍କାରୀ ପ୍ରତିହିଂସା

ଗୋଟିଏ ଶକ୍ତ ପାଦର କଚଡ଼ାରେ
ପୃଥିବୀକୁ ଦଳିଦେବାର ରାଗ ନେଇ
ସିଂହାସନ ଅଣ୍ଡାଳୁଛି
କାପାଳିକଙ୍କ ପ୍ରାୟେ
ଲହଲହ ଜିଭରେ ଲାଳ ଗଡ଼ାଉଛି
ଅହରହ ହୁଙ୍କାରୁଛି

ସଂସଦ, ସହର, ସମ୍ବିଧାନ
ବିଦ୍ୟାଳୟ, ପୋଥି, ପୁରାଣ
ସବୁଠି ତୋତେ ତନ୍ନତନ୍ନକରି ଖୋଜୁଛି

'ଜିନ୍ଦା ବା ମୁର୍ଦ୍ଦା' ଧରେଇଦେବା ପାଇଁ
କୋଟିକୋଟି ଟଙ୍କାର ଇନାମ ରଖିଛି,
ଖବର କାଗଜ, ଟିଭି ପରଦାର
ପ୍ରତ୍ୟେକ ବିଜ୍ଞାପନ, ପ୍ରତ୍ୟେକ ଶବ୍ଦ
ପ୍ରତ୍ୟେକ ତର୍କ ତୋତେ ଅଣ୍ଡାଳୁଛି
ତୋ ନାଁ ଘୋଷଣାକରି ଚାଲିଛି

ପ୍ରତି ଘରର ନୀରବ କାନ୍ଥକୁ ରାମ୍ପି ବିଦାରି
ଜିଅନ୍ତା ପୋଷ୍ଟର ଲଗାଉଛି
ପ୍ରତି ମଣିଷକୁ କାବୁକରି
ଶବ୍ଦର ମହନି ଲଗେଇ ଭ୍ରମିତ କରୁଛି

କେହି ଜଣେ ସିଂହାସନ ଲୋଭି
ଏବେ ରକ୍ତମୁଖା ପାଲଟିଛି
ତୋତେ ହତ୍ୟା କରିବା ପାଇଁ
ଶହେ ପଚାଶ କୋଟି ଜନତା ଆଗରେ କସମ ଖାଇଛି
ଆଉ, କୋଟିଏ ସିଂହର ସ୍ୱରପେଟିକା ନେଇ ହୁଙ୍କାରୁଛି ।

ପ୍ରିୟ ଗଣତନ୍ତ୍ର !
ତୁ' ଜମାରୁ ଭୟ କରନା
ଟିକିଏ ଧୈର୍ଯ୍ୟରଧର
ଏ ହୁଙ୍କାର ପହିଲି ଆଷାଢ଼ରେ
ମାଇବେଙ୍ଗର ତଣ୍ଟିଫଟା ଗର୍ଜନ
ଯିଏ ଭୋର ସକାଳୁ ମରିପଡ଼ି
ନାଳର ଗୋଳିଆ ପାଣିରେ ଭାସୁଥିବ

ତୋତେ କିନ୍ତୁ କଁଅଳିବାର ଅଛି
ପଥର ସନ୍ଧିର ଦୁବ ପରି
ବୈଶାଖର ତତଲା ମାଟିରେ
ପୋତା ଯାଇଥିବା କାକୁଡ଼ି ମଞ୍ଜିପରି
ତୋତେ ଗଜୁରିବାର ଅଛି

ମା' ପେଟ ଭିତରେ ଲାତମାରି
ଶିଶୁର ଜନ୍ମ ନେବାର ସଂକେତପରି
ତୋତେ ଧସେଇ ଆସିବାର ଅଛି

ପ୍ରିୟ ଗଣତଂତ୍ର !
ଅଣ୍ଟିରେ ଗାମୁଛା ବାନ୍ଧିନେ
ଏବେ ସାରା ଇଲାକାକୁ,
ମହୀମଣ୍ଡଳର ପ୍ରତ୍ୟେକ କୋଣକୁ
ପବନ ବେଗରେ ତୋତେ କ୍ଷେପିଯିବାର ଅଛି

ତୋତେ ହିଁ କ୍ଷେପିଯିବାର ଅଛି ।

■

ଗଣତନ୍ତ୍ର ଏବେ ସଙ୍କଟରେ

ଘଞ୍ଚ ଜଙ୍ଗଲରେ
କାଠକୁ ଠକଠକ ହାଣି
ଘର ତିଆରୁଥିବା କାଠହଣା ଚୁପ ହେଇଯାଇଛି

ପିଚୁ ରାସ୍ତା କଡ଼ରେ
ଏକ ଡାଳ ସନ୍ଧିରେ ବସି ଆତଙ୍କିତ ଅନାଉଛି

କାହାର ଗୋଟେ ତାଗିଦ ଅଛି ।

ଖଲଖଲ ବୋହିଯାଉଥିବା ନଈ
ଏବେ ଶୁଖିଶୁଖି ଆସୁଛି
ନଈ ହୁଡ଼ା ଖାଁ,ଖାଁ

ନଈ ଓ ନାଉରୀର ନାତା
ଆସ୍ତେଆସ୍ତେ ପାଶୋରି ହୋଇଯାଉଛି
କେହି ଜଣେ ଉପର ମୁଣ୍ଡରେ ଷଡଯନ୍ତ୍ର ରଚିଛି ।

ଆଜି ହପ୍ତା ଛୁଟି ଅଛି

ଯେଉଁମାନେ
କାମକୁ ନ ଯାଇ ମୁନସିପାଲିଟି ପିଣ୍ଡାରେ ବସି
ତାସ ଖେଳି ହୋ,ହୋ ହସୁଥିଲେ
ଫୂର୍ତ୍ତି ମନଉଥିଲେ ସେମାନଙ୍କୁ ନିର୍ଦ୍ଦେଶ ଅଛି
ଦାନ୍ତ ନେଫେଡେଇ, ଓଠ ଚିରି
ଖୋଲା ହୃଦୟରେ ନହସିବା ପାଇଁ
ପ୍ରଶାସନ ବିଜ୍ଞପ୍ତି ଦେଇଛି

ପକ୍ଷୀମାନେ !
ନଈମାନେ !!
ମଣିଷମାନେ !!!

ଏବେ ଚୁପ୍‌ହେଇ ରୁହ
ତାଗିଦ୍, ନିର୍ଦ୍ଦେଶ, ବିଜ୍ଞପ୍ତି
ଏପରିକି ଷଡ଼୍‌ଯନ୍ତ୍ରକୁ
ଅକ୍ଷରେ ଅକ୍ଷରେ ପାଳନ କର

ତୁମର ସମାନ୍ୟ ପ୍ରତିକ୍ରିୟାରେ
ହୁଏତ, ଦେଶରେ କରଫ୍ୟୁ ଜାରି ହୋଇପାରେ

ବନ୍ଧୁ ଗଣ !
ଚୁପ ରୁହ
ଗଣତନ୍ତ୍ର ଏବେ ଖୁବ ସଙ୍କଟରେ ।

■

ହଜି ଯାଇଥିବା ଦୃଶ୍ୟ

ଆଜି, ଖୁବ ମନେପଡୁଛି
ସେ ହଜିଯାଇଥିବା ଦୃଶ୍ୟ !

ଏକ ଘନଘୋର ଅନ୍ଧାର
ଆକାଶରେ ତାରା
ଆଖି ପାହାନ୍ତାରେ ଜୁଳୁଜୁଳିଆ
ବାରିହେଉ ନଥିବା ଅନତି ଦୂରରେ
ବିଲୁଆର ଡାକ

କାକରଭିଜା ମାଟିରେ
ସଂଚରି ଯାଉଥିବା ଶୀତର ପ୍ରକୋପ
ନିଅନ ଆଲୁଅର ପିଠିରେ
କାହିଁ କୁଆଡ଼େ ଉଭେଇ ଗଲା

ବେଙ୍ଗ, ବେଙ୍ଗଫୁଲା, କଙ୍କଡ଼ା, ଡଣେଇ ଝୁରି
ବିଲହିଡ଼ରେ ଧଣ୍ଡେ, ମୁଡ଼ାରଣାର ଗାତ
ଝୁଲି, ସଁପରି, ଦୂବରାଜ
କୋଦୋ, ମାଣ୍ଡିଆ, ସୁଆଁ
ସବୁ କ୍ଷେତରୁ ବାହାରି

ଗାଁର କଂକ୍ରିଟ ରାସ୍ତା ତଳେ
ପୋତି ହୋଇଗଲା

ଦି'ପହର ଝାଞ୍ଜିରେ
ଆଉ କ'ଣ କପୋତ ଡାକୁଛି ?
ସାଇକଲ ପେଡାଲମାରି
ପୋଷ୍ଟକାର୍ଡ ଦେହରେ
ଉନ୍ମାଦ ଆଣୁଥିବା ଡାକ ପିଅନ କ'ଣ
ତଥାପି ଗାଁକୁ ଆସୁଛି ?

ଆଜିର ଇମେଲ, ହ୍ୱାଟ୍‌ସପ୍‌, ଇନଷ୍ଟାଗ୍ରାମର
ଫୁରୁଫୁରୁ ଉଡୁଥିବା ଶୁଖିଲା ଜମାନା
ଏ ସବୁର କେତେ ଖବର ରଖିପାରିଛି ?

କେଜାଣି କାହିଁକି
ସେ ହଜିଯାଇଥିବା ଦୃଶ୍ୟ
ଆଜି ଖୁବ୍ ମନେପଡୁଛି

ରକ୍ତ ବୋହୁଛି ଧମନୀରେ
ପାଦ କଚାଡୁଛି ସକାଳ ପାହିଲେ
ତଥାପି, ହୃଦୟର କେଉଁ ଗୋଟିଏ କୋଠରୀ
ଯେମିତି ରକ୍ତ ଶୂନ୍ୟ
ଖାଲି ପଡ଼ିଯାଇଛି ।

ସେ ହଜି ଯାଇଥିବା ଦୃଶ୍ୟ
ଖୁବ ମନେପଡୁଛି ।

ନାଗରିକ

କିଛି ବି ପାଇବନି ତା' ଠୁ

ନା ପରମ୍ପରାର ପୃଷ୍ଠା
ନା ଇତିହାସର ସାକ୍ଷୀ
ନା ପରିଚୟର ଦସ୍ତାବିଜ୍

କିଛି ବି ପାଇବନି ।

ଅତିବେଶିରେ ଖୋଜିଲେ ପାଇପାର,
ତା' ହାତରେ
ମେହେନ୍ଦି ପ୍ରାୟେ ଲାଗି ରହିଥିବା
ତମ ଅଗଣାର ମାଛି ଭଣଭଣ
ଗଲା ରାତିର ମଇଲା,

ସାରାଦିନ ଖଟିଖଟି
ତଥାପି ପରିବାରର
ପେଟ ପୂରେଇ ପାରିନଥିବା ମୁହଁରେ
ପାଉଡର୍ ପ୍ରାୟେ ଲେପି ହୋଇଥିବା
ଏକ ଉଦାସ ଚେହେରା

ତମର ବୌଦ୍ଧିକ ମଗଜ ଗଢ଼ିବା ପାଇଁ
ଘର ଘର ଖବରକାଗଜ ବାଣ୍ଟି
ପାହାନ୍ତାରୁ ଦୌଡୁଥିବା ପାଦରେ
ମଉଜା ପ୍ରାୟେ ଲାଖି ରହିଥିବା
ସବୁଦିନିଆ ହାଲିଆ,

ଅଥବା, ଘର ଭିତରର ମନିପ୍ଲାଣ୍ଟଲତା ପ୍ରାୟେ
ଛାତିରେ ଗୁଡ଼େଇ ହୋଇଥିବା
ଗୋଟିଏ ସ୍ୱପ୍ନିଳ ଦମ୍ପର ନିଆରା ।

ତହିଁକୁ ପ୍ରତି ସଂଜରେ ଏ ଦମ୍ପ
ଖଂଜଣି ବଜେଇ ଗାଉଥିବ:
ଏ ସହର ମୋର
ଏ ଦେଶ ମୋର
ଏ ମାଟି, ଆକାଶ ମୋର
ସଭିଂକ ଭୋକ, ପ୍ରେମ ଏକାପ୍ରକାର
କେହି ନୁହେଁ ପରାପର ।

ସହରର ଘୋ, ଘୋ ରାସ୍ତାକଡେ
କାହିଁ କେଉଁ କାଲୁ
ଯେଉଁ ଗଛଟି ଠିଆ ହୋଇଥିବ,
ତା'ରି ତଳେ ବିଛାଯାଇଥିବ
ଟାଇଲି ପ୍ରାୟେ ବୁଢାପଟା,
ଟଂଗାଯାଇଥିବ ଛିଣ୍ଡାଜରିର ଛାତ,
ରଖାଯାଇଥିବ ମଇଳା ମଶିଣା ଓ କମ୍ବଳ ଥାକ,
କେବଳ ରାତିକାଟିବା ପାଇଁ, ସବୁଯାକ ।

ଧୂଳି ଧୂଆଁରେ ନିଆଁ ଫୁକିଫୁକି
ସେକାଯାଉଥିବ ରୋଟି

ପରିବାରଯାକ ଖାଇ ଯାଉଥିବେ
ଶ୍ରଦ୍ଧାରେ ବାଣ୍ଟିକୁଣ୍ଟି, ଚାଟିଚାଟି

ଏବଂ, ଖାସ କଥା ଯେ
ରାତିର ଘୁଂଗୁଡ଼ିବେଳେ ବି
ପାଖରେ ଜଗିଥିବ, ପୋଷାକୁକୁର ପ୍ରାୟେ
ଏକ ଦମଦାର ମେହେନତି ।

ତମେ କେବଳ ଚିହ୍ନି ପାରିଲେ ହେଲା !

ନା ରାସନ୍, ଆଧାର, ପ୍ୟାନ୍‌ର ନମୁନା
ନା ଘର, ପୋଷ୍ଟଅଫିସ୍, ଥାନାର ଠିକଣା !
କିଛି ବି ପାଇବନି ତା'ଠୁ
କିଛି ବୋଲି କିଛି ବି ପାଇବନି ତା'ଠୁ

ହୁଏତ, ଏଇବେଳରେ ତତକ୍ଷଣାତ୍
ତମେ ଘୋଷଣା କରିପାର
ନାଗରିକ ପାଇଁ ୟେ' ଫିଟ ନୁହେଁ ଦେଶକୁ ।

ଆତଙ୍କ

ଏବେ ସବୁଠି ଆତଙ୍କର ରାଜୁତି !

ରାସ୍ତାରେ କୁକୁର ଭୁକିଲେ ଆତଙ୍କ
ପୋଲିସ୍ ସାଇରନ୍‌ରେ ଆତଙ୍କ
ଗଛରୁ ପତ୍ର ଝଡ଼ିଲେ ବି ଆତଙ୍କ

ଏପରିକି ପାଖ ଘରେ
ପହ୍ନାପିଆ ଛୁଆ ଭୋକରେ କାନ୍ଦିଲେ ବି ଆତଙ୍କ !

ନା ଭରସାକରି ହେଉଛି ଆଗନ୍ତୁକକୁ
ନା ବିଶ୍ୱାସକରି ହେଉଛି ପ୍ରିୟଜନକୁ

ମୁସ୍କିଲ ହୋଇପଡ଼ିଛି ସମୟକୁ ଚିହ୍ନିବା

ବିସ୍ତର, ବାଥରୁମ୍, ପଢା ଟେବୁଲ
କଲିଂବେଲ, ଝର୍କା, ଗେଟ
ରୋଷେଇ ଘର, ଲାପଟପ୍
ମୋବାଇଲ ଫୋନ୍
ସବୁଠି ଯେମିତି ଆତଙ୍କଟିଏ ଠିଆ ହୋଇଛି,

ଯାହାକୁ ଛୁଇଁଲେ ବି
ବିକଟାଳ ଗର୍ଜନକରି ଡରେଇ ଦୌଡ଼ାଉଛି

ଖସ୍ଖସ୍ ଶବ୍ଦ ହେଲେ, ଇତସ୍ତତଃ
ମୁଁ ଚୁପିଚୁପି ଝର୍କାଦେଇ ବାହାରକୁ ଅନାଉଛି
ଆତଂକିତ ହେଇଯାଉଛି

ଆଉ କେତେଦିନ
ଏ ଲକ୍‌ଡାଉନ୍ ବଢ଼ିବାର ଅଛି ?

ଦିନର ଫର୍ଚା ଆଲୁଅରେ
ଏକ ଭୟଂକର ଅଂଧାର ମାଡିବସୁଛି ତ'
କିଟ୍‌କିଟ୍ ରାତିରେ ଏକ ବିଶାଳ ନିଆଁ ହୁଳାର ଛନକା
ମୋ ଆଡକୁ ଦୌଡି ଆସୁଛି

ପଡ଼ୋଶୀ ଘରର
ଆମ୍ବ ଗଛରେ ଫଳିଥିବା କଷିକୁ
ଦେଖିବା ପାଇଁ
ଆଉ କେତେଦିନ ବାକି ଅଛି ?

■

ଲକ୍‌ଡାଉନ୍

ସାରା ସହରରେ ଲକ୍‌ଡାଉନ୍ !

ଚାରିଆଡେ ନୀରବତା ଇ ନୀରବତା

ଏଇ ନୀରବତା ଭିତରେ
ଖେଳୁଥାଏ ଦୁଇଟି ଶବ୍ଦ
ଗୋଟିଏ ପୋଲିସର ସାଇରନ୍
ଅନ୍ୟଟି ନଡ଼ିଆ ଝାଡୁର ସର୍‌ସର୍ ।

ଏ ଦୁହେଁ ଏମିତି ଖେଳୁଥା'ନ୍ତି
ଯେମିତି ବହୁଦିନ ଧରି ବଂଦଥିବା
ରୋଷେଇ ଘରେ ଖେଳୁଥା'ନ୍ତି ଅସରପା ଓ ମୂଷା

ମଣିଷ ଜୀବନ ଅମୂଲ୍ୟ ସମ୍ପଦ
ତାକୁ ସୁରକ୍ଷିତ ରଖିବାର ଅଛି,
ଲୋକେ ବାହାରକୁ ଗଲେ
କରୋନା ସଂକ୍ରମିତ ହେବେ
ଅତଏବ୍, ଲକ୍‌ଡାଉନ୍ ଜାରିହୋଇଛି

ଏବେ, ସହର ପାଇଁ ଖୁସିର କଥା

ସକାଳେ, ଓଢଣି ଘୋଡି
ଲକ୍‌ଡାଉନରେ ଝାଡୁକରୁଥିବା ଝାଡୁବାଲୀକୁ
କରୋନା ଭୟକରେ ବୋଲି
ନଗରପାଳିକା ପରୀକ୍ଷା କରିଛି,

କହିଛି- ହେ, ଜନସାଧାରଣ !
ଘର ଭିତରେ ନିରୋଗୀ ହୋଇଥାଅ,
ଇଲାକାକୁ ଭାଇରସ୍ ଜମା ମାଡିବନି
କାରଣ, ଝାଡୁବାଲୀ ତମ ପରିବେଶକୁ
ସଫାସୁତୁରା କରି ରଖିଛି !

ଏବେ ସହରର ସବୁ ଘରମାନ, ବ୍ୟକ୍ତି ବିଶେଷ
ଥାଳିବଜେଇ, ଦିଆଜାଳି
ଉଲ୍ଲାସରେ ଲକ୍‌ଡାଉନ୍ ମନାଉଛି,

ରାସ୍ତାରୁ ପହଁରି ଆସୁଥିବା
ନଡିଆ ଝାଡୁର ସର୍‌ସର୍
ଲକ୍‌ଡାଉନ୍‌ର ଫି' ସକାଳେ ପ୍ରତି ଘରକୁ ଶୁଭୁଛି

ଆଛା, କହିଲ ଦେଖି ?

ସମୁଦ୍ରରେ ରହି
କୁମ୍ଭୀର ସହ ଝଗଡ଼ା କରିବାକୁ
କାହା ଜିଭରେ ବା ହାଡ଼ ଅଛି ?

ନଗରପାଳିକା ଠିକ୍ କହିଛି

ବୁଡ୍ ବକ୍ ସହରବାସୀ
ଚୁପ୍ ରହ !

ଝାଡୁବାଲୀ କେବେ ମଣିଷ ନଥିଲା
ବା ଏବେ ବି ନାହିଁ,
ତେଣୁ ତ' ଝାଡୁବାଲିକୁ
କରୋନା ମୁହଁରେ ଠେଲିଦେଇ
ନଗରପାଳିକା ପରୀକ୍ଷାଗାରରେ ବସି
ତୀକ୍ଷ୍ଣ ନଜର ରଖିଛି !

ଦେଖୁଛି, କିଏ କାହାକୁ ଖାଉଛି,

ମାନିବାକୁ ପଡ଼ିବ
ସାଇରନ୍‌ର କର୍ତ୍ତବ୍ୟ ପରାୟଣତାକୁ

ଏଇ ଘଡ଼ିସଂଧି ବେଳାରେ
ଝାଡୁର ସର୍‌ସର୍‌କୁ ଅହରହ ପହରା ଦେଇଚାଲିଛି ।

■

ରୁଟି ବେଲିବା ସହଜ ନୁହେଁ

କେତେଥର କହିଛି !
ମୋ ଦେଇ ରୁଟି ବେଲିବା ହେବନି

ବେଲୁବେଲୁ ଯଦି
ଦଶମୀ ଜହ୍ନପରି ଟେଢା ହୋଇଗଲା ?

ତେବେ ଖୋଜିବାକୁ ପଡିବ
ଗୋଟିଏ ଆକାଶ, ତାରାଭର୍ତ୍ତି
ଅଥଚ ପ୍ରଦୂଷଣର ନିଆଁରେ
ରୁଟି ଜଳିଯିବାର ଏକ ଚିହ୍ନ ଡର ଦିଶୁଛି

ଦୈବାତ ଅଶୋକ ଚକ୍ରପରି
ଗୋଲ ହେଇଗଲା ?

ତେବେ, ଯୋଗାଡିବାକୁ ହେବ ତ୍ରିରଂଗାଟିଏ
ଯେଉଁଠି ଅଭାବର ପ୍ରତୀକକରି
ଖଂଜିଦେଲେ ରୁଟିକୁ
ଦେଶଦ୍ରୋହୀ ହେବାର ସଂଭାବନା ଅଛି,

ଯଦି ଭାରତ ମାନଚିତ୍ରପରି ହୋଇଯାଏ ?

ତେବେ ଗାଁ, ସହର ରାସ୍ତାଘାଟର ଭୋକିଲାମାନେ
ଖଣ୍ଡିଆଖାବରା କରି
ଲୁଟି ନେବାର ଭୟଅଛି
କାରଣ, ଡହଡହ ଭୋକରେ
ଦେଶ କାହିଁ କେତେଦିନୁ ଜଳୁଛି

ଦେଖତ' ଏ ରୁଟିର ଚେର ସତେ
କେତେଦୂର ଯାଏଁ ମେଲିଛି !

ରାଜାରୁ ପ୍ରଜା
ଶିଳ୍ପପତିରୁ ଶ୍ରମିକ
ହଳିଆଠାରୁ ସୈନିକର ପେଟଯାଏଁ

ସବୁଠି କେବଳ ରୁଟିର ରାଜୁତି
ହୁଏତ ହେଇପାରେ ଫରକ୍ ଏତିକି
କିଏ ସୁନା ବେଲଣା ତ'
କିଏ କାଠ ବେଲଣାରେ ବେଲୁଛି,

ଯେଉଁ ବେଲଣା ବି ଦିଅ
ମୋ ଦେଇ ରୁଟି ବେଲିବା ହେଲାନି
ବରଂ, ବାସିପଖାଳ ଭଲ
ବ୍ୟସ୍ତ ହ' ନା ସାନୁ,
ଛୋଟବେଳୁ ଲୁଣଲଂକା ଚକଟି ତୋରାଣି ପିଇବା
ମୋର ବରାବର ଅଭ୍ୟାସ ରହିଛି ।

■

ନିଜ ଗାଁର ଠିକଣା

ସେ ଏବେ
କେତେ ଦୂର ପହଞ୍ଚି ଥିବ ?

ଆଗ୍ରା, ମଥୁରା, ମୁଜାଫରପୁର, ପାଟନା !

କେତେ ଦୂର ?

ହୁଏତ ସେ ଯେତେଯେତେ
ଥାପୁଥିବ ପାଦ ତ'
ଲମ୍ବିଲମ୍ବି ଯାଉଥିବ ରାସ୍ତା,

ମୋଟର, ଗାଡ଼ି କିଛି ନାଇଁ
ଚାରିଆଡ଼େ ଶୂନଶାନ୍

ତେବେ, ସାପ ଶୋଇଥିବା ବେଳେ
ଗୁଡ଼େଇ ହେଲାପରି
ଘନଘୋର ନୀରବତାରେ
ଏ ରାସ୍ତାର ଲମ୍ବା କମିଯାଉନି କିଆଁ ?

ଥକା ପାଦକୁ
ରାସ୍ତା ସବୁବେଳେ ହିଁ ଅଚିହ୍ନା !

ସିଏ ଯେଉଁଠି ଚା' ଦୋକାନକରି
ଶହଶହ ଲୋକକୁ ବାଣ୍ଟୁଥିଲା
ସେଇଠି ଠିଆ ହୋଇଛି
ଗୋଟିଏ ଜୀଅନ୍ତା କର୍ଫ୍ୟୁ

ଚା' ଗିଲାସରେ
ଯେଉଁ ମାଛିମାନେ ଭଣଭଣ ହେଉଥିଲେ
ଏପରିକି ସେ ମାଛିମାନଙ୍କୁ ବି ଲାଗିଛି ଲଗାମ୍

ମଣିଷ କଥା ତ' ନିଆରା !

ଯାଇଛି ଭଲ ହୋଇଛି

ଏଠି ମଣିଷଟିଏ
ରାସ୍ତାରେ ଠିଆହୋଇ
ଅନ୍ୟକୁ ଅନେଇବା ମନା,

ଭୟ ଲାଗୁଛି !

ଏଭଳି ଖାଁ ଖାଁ ସମୟରେ
ଭୋକ, ଦୁଃଖ, ଘୃଣାକୁ ଡେଇଁଡେଇଁ
ସିଏ ନିଜ ଗାଁରେ ଠିକଣା
ନିଜେ ଖୋଜିଖୋଜି
ଦୈବାତ୍ ପହଂଚି ଯାଉଛି ଯଦି
ମଣିଷପଣିଆ ପାଇଁ ବଡ଼ ଆଶ୍ୱାସନା ।

■

ଅକ୍ତିଆର

ଥରେ କିଣିନେବି ସାରା ଦିନଟାକୁ,
ଅକ୍ତିଆରରେ ରଖିବି
ପହପହ, ସକାଳ, ବାସିଖିଆବେଳ
ମଂଝନ ଉପରବେଳା, ଦି' ପହର
ସଂଜ, ମାଛି ଅନ୍ଧାର

ଆ' କହିଲେ ଆସୁଥିବେ
ଯା' କହିଲେ ଯାଉଥିବେ
ଉଠ କହିଲେ ଉଠୁଥିବେ
ନାଚ କହିଲେ ନାଚୁଥିବେ

ଏକ ପୋଷା ମାଙ୍କଡ଼ ପରି
କେବଳ ମୋର ହେଇରହିବେ
ଯେବେ ହାକି ପାରିବି 'ପହପହ'କୁ ତ
ଦୌଡ଼ିଦୌଡ଼ି ଆସି ଇଜାର୍ ଦେବ
ହଳିଆ ପିଲା ଭୁଲେଭୁଲେ ଘରେ
ଛାଡ଼ିଦେଇ ଆସିଥିଲା ଦଉରା
ଲଙ୍ଗଳ ଧରିବାର ନୋହିଲା
ଏବେ ହଳେ ବଳଦ ମସ୍ତିରେ ଚରୁଛନ୍ତି
ପେଟପୂରେଇ ବିଲସାରା

ଯେବେ ଠାରଟିଏ ଦେବି ସକାଳକୁ ତ
କୁରୁଳେଇ ଉଠି ଗାଇବ
ଚାକୁଣ୍ଡା ମଂଜିରେ ପତ୍ର ଧରିଲାଣି
ଜହ୍ନିଲଟାରେ ଫୁଲ
କାଳିଆର ବୋଉ କଷି ମାଖନ ରାନ୍ଧିବ ଯେ
ଯୋଗାଡୁଛି ଏବେ ତେଲ

ଆଖିପତା ଉଠେଇଲେ
ବାସିଖିଆ-ବେଳକୁ
ସିଏ କହିଯିବ କଥାନି
କଂସେଇର ଆଜି ପେଟଦରଜ ଯେ
ଛେଳି ବଜାରକୁ ଆସିବନି
ଛେଳିଙ୍କ ଡିଆଁରେ ଭରିଯିବ ବୁଦା
ନିଜେ ନିଜ ଖୁସି ବଖାଣି

ଆ' କହିଲେ 'ମଂଝନ' ଆସିବ
ଘୋଡ଼ା ପିଠିରେ ସବାର ହୋଇ
ପୋଷା ବିଲେଇ ମାଲିକ ଦେହକୁ ନେସି ହୋଇଗଲା ପରି
ମୋ ପାଖରେ ବସିବ, କିହିବ
ଏଲ୍.ଓ.ସି. ଓ ଡୋକଲାମ ଅଂଚଳରେ
ମଧୁର ଖରା, ସୁଲୁସୁଲୁ ପବନ

ସବୁ ସୈନ୍ୟ ସାଦା ପୋଷାକରେ
ସମସ୍ତେ ଅସ୍ତ୍ରଶୂନ୍ୟ
ଗୀତବାଜଣାରେ ସଭେ ଦେଇଛନ୍ତି ମନ

ଉପରବେଳାକୁ ନପଚାରିଲେ ବି
ତରକିତରକି ଆସିବ,
ଆମ୍ବ ବୋଉେଇରେ ଟପ୍‌ଟପ୍ ଲେଡିରୁ

ଦି'ଚାରିଟା ଧରେଇବ କହିବ
ଶାଶୁବୋହୂଙ୍କ ଚାଲିଛି ଉକୁଣୀ ଦେଖା
ଘିମିରି ଖୁଟା ପିଲାଏ ଖେଳୁଛନ୍ତି ବାଟି
ଶାଗପଖାଳ ଖାଇ
ଅଳସେଇ ଯାଇଛନ୍ତି ସଭିଏଁ ତ'
ଆମ୍ବ ବୋରେଇରେ କୋଇଲି ଛାଡୁଛି ରଡି,

ଉଠ କହିଲେ
ଦି'ପହର ଉଠି ଠିଆହେବ
କିଛି ନକହୁଣୁ ସବୁ ବୁଝିଯାଇଥିବା ପରି
ଘେରେ ଦୌଡିଆସି ବଖାଣିବ

ସବୁ ପେନ୍‌ସନ୍ ଫାଇଲ ଲେଖାହେଲା
ଅଫିସରଙ୍କ ଦସ୍ତଖତ ବି ପଡ଼ିଲା
ଟ୍ରାଫିକ ଜାମ କି, ୧୦୮ ଆମ୍ବୁଲାନ୍ସର
ସୋର ଶବଦ ନାଇଁ
ପୋଷ୍ଟମଟମ୍ ଘର ଶୂନଶାନ୍
ଦିନଟା ଭଲରେ ଭଲରେ କଟିଲା

ଆଡ ନଜରଦେଲେ ସଂଜଟି
ଲାଜେଇ ଲାଜେଇ ହସିବ କହିବ
ସବୁ ଦୁଆରରେ କବାଟ ମେଲା
ତେଜୋରିରେ ତାଲା ଜମା ନାହିଁ
ହିଂସା-ଅହିଂସା ଓ ଶତ୍ରୁ-ମିତ୍ରମାନେ
ଚାଲୁଛନ୍ତି କାନ୍ଧରେ କାନ୍ଧ ମିଳେଇ

ବୋଲକରା ସିଏ 'ମାଛି ଅଂଧାର'
ସବୁବେଳେ ତା'ର ପ୍ରିୟ ବେଭାର

ଦିନଟି ଯାକର ଘଟଣାମାନଙ୍କୁ
ଯୋଡିକି କରିବ ଉପସଂହାର

ଲାଠି ଚାର୍ଜ ନା କର୍ଫ୍ୟୁ
ଅନାହାର ମୃତ୍ୟୁ ନା ରାଲି
ହତ୍ୟାକାଣ୍ଡ ନା ବେମାରୀ, ଧର୍ଷଣ ନା ଅଭାବି ବିକ୍ରି
ଅସ୍ପୃଶ୍ୟତା ନା ସାଂପ୍ରଦାୟିକତା
ଆଜି କାହାରି ବି ନାହିଁ ଅତ୍ୟାଚାର
ଏଇ ଦିନଟି ଯେହେତୁ ତୁମର, ତେଣୁ
ସବୁ ଉଦଜାନ ବୋମା ନିଷ୍କ୍ରିୟ ହୋଇଥିବାର ବି
ଅଛି ତାଜା ଖବର

ଭାବୁଛି, ଥରେ କିଣିନେବି
ସାରା ଦିନଟାକୁ
ପହପହଠାନୁ ମାଛି ଅନ୍ଧାର
ପ୍ରତି ମୁହୂର୍ତ୍ତକୁ କରିବି ନିଜର
ପ୍ରତି ମୁହୂର୍ତ୍ତ ବି ବୁଝିବ ମୋର ଠାର

ଅଧଲିଏ, ଶିକାଏ
ଯାହାବି ସଂଚିଛି ହୃଦୟର ଡବାରେ
ଭଲେ ସବୁ ସାରିଦେବି
ପଚାଷ ବର୍ଷର ପୁଂଜି ଏଇ ଆୟୁଷର

ଯାହା ମୂଲ୍ୟ ହେଉ ପଛେ
ଥରେ କରିବି ଦିନଟାକୁ ଅକ୍ତିଆର ।

■

ମନେପଡୁଛି

ଏ ଥର
ଯାଇପାରିଲିନି ଗାଁକୁ
ଭାଇ ଜିଉଁତିଆରେ !

ଯାଇ ପାରିଲିନି ବୋଲି ମନେପଡୁଛି
ସେଇ ଢୋଲର କଥା
ଯିଏ ହାଲକା ଶୀତରେ
ଜିଉଁତିଆର ସାରାରାତି
କୁହୁଁରି କୁହୁଁରି ବାଜୁଥିଲା,

ମେମର ଘରର ଝିଅ
ଓଢଣି ତଳେ ମୁହଁ ଲୁଚେଇ
ଗୀତ ପଦେ ଗାଇଲା ତ'
ଅଷ୍ଟମୀର ଜହ୍ନରାତିରେ
ଟାଇଁ ଟାଇଁ ଢୋଲ ଲସ୍କିଗଲା
ପାଳ ନିଆଁରେ ଢୋଲର ଚାୟାଁକୁ
ସେକିବାକୁ ପଡିଲା

ମନେପଡୁଛି ଛେଲିଏନ୍ ବାଈର କଥା
ଗୁରଦୁ ଦିନ ହେଲା ଯିଏ
ଛେଲି ଚରେଇବା ଛାଡି ଦେଇଥିଲା

ଜହ୍ନି ପତ୍ର ଓ କଖାରୁ ଶାଗକୁ ଲୋଭକରି
ପାହାନ୍ତାରେ ଉଠିପଡିଲା
ନେଂଜେରା ବନ୍ଧା ଆଖି ହେତୁ
ଦୁଆର ବନ୍ଧରେ ହିଟିପଡିଲା ତ
ଅଂଟା ହାଡ ଭାଙ୍ଗିଗଲା
ଏବେ ସେଲେଙ୍ଗି ସେଲେଙ୍ଗି
ଜୀବନ ବାହିବାକୁ ପଡିଲା,

ମନେପଡୁଛି,
ଖଲଖଲ ପାଣିର ଧାର
ଯାହାକି ଆମ ବିଲରେ ବୋହି ଯାଉଥିଲା
ବଁକିକିରା, ଚକଡାପୋକ ଭୟରେ
ଭେଲୁଆ, କରଲାଡାହିକୁ ଛିଂଡେଇ
ବିଲର ପାଣି ଧାରେ ଧାରେ
ରୋଇବାକୁ ପଡୁଥିଲା ତ
ଧାନଖେତ ଲଫଲଫ ହସୁଥିଲା

ଏସବୁ ମୋ ବାପାର କାମଥିଲା

ମନେପଡୁଛି ଲକ୍ଷ୍ମୀପୂଜାର କଥା
ଭାଇ ଜିଉଁତିଆ ପରେପରେ ଇଁ
ଗାଁରେ ଆୟୋଜିତ ହେଉଥିଲା,

ଯେତେ ଟଙ୍କାବି ହେଉ
ପୂଜାସାମଗ୍ରୀ ସବୁ କିଣିଦେବି ବୋଲି

ନବେ ଦଶକରେ ମୁଁ ଯେବେ ପ୍ରତିଶ୍ରୁତି ଦେଲି ତ'
ଗାଁରେ ଝଗଡା ଉପୁଜିଲା

ଅଛୁଆଁ ଲୋକର ପୂଜା ସାମଗ୍ରୀରେ
ପୂଜା ହେଇପାରିବନି ବୋଲି
ସିଲଟ ଛୁଇଁ ନଥିବା ଲୋକଟି
ରଡି ଛାଡିଲା ତ' ପ୍ରତିବାଦ ଜୋରଧରିଲା
ଲକ୍ଷ୍ମୀପୂଜା ପ୍ରତି ସେଇଦିନୁ
ମନରେ 'ଛି'ଭାବ ଆସିଲ

ଏଥର ଯାଇ ପାରିଲିନି ଗାଁକୁ

ଯା' ଭିତରେ
ଭାଇ ଜିଉଁତିଆ ସରିଗଲା
ଡାଲଖାଇ ଦେବୀର ଚିତ୍ର ଆଙ୍କିବା
ଦୁବଘାସ, କୁକୁରଦାଁତି ଓ ମହୁଲ କାଠି ଯୋଗାଡିବା, କୁଶେର
ଡାହି ଆଣିବା
ଶହେଆଠ ଅରୁଆ ଚାଉଳ ଗଣିବା
ଏ ସବୁସବୁ ଇଁ ତ'
ମୋର କାମଥିଲା !

ଦେଖ ତ'
ସମୟକ୍ରମେ ସବୁ
ପାଶୋରିବାକୁ ପଡିଲା !

ଭଉଣୀମାନେ
ସଭିଏଁ ଏବେ ଯେ' ଯା'ର ଶାଶୁ ଘରେ
ବି କେତେକେ ମରିହଜି ଗଲେଣି
ତ' କେତେକ ଜଂଜାଳଶୀଳା

ଯିଏ ବି ଅଛନ୍ତି
ନିଜ ଝିଅ ପାଇଁ ଜିଉଁତିଆ ଯୋଗାଡୁଛନ୍ତି
ବ୍ୟସ୍ତ କରୁଛନ୍ତି, ତାଙ୍କ ପିଲାଝିଲା

ତେବେ ଭାଇ ହେଉ କି ଭଉଣୀ
ଜିଉଁତିଆ କଥା ହିଁ ନିଆରା

କାହିଁ କେଉଁଠି
ଢୋଲ ଶବ୍ଦ ଶୁଣିଲେ ହିଁ ଗାଁ ଝିଅଙ୍କ ଦେହରେ
ଚିହିଁକି ଉଠେ ଯୁବତୀବେଳା

ଅନେକ ଇଚ୍ଛା ସତ୍ତ୍ୱେ ବି
ମୋର ଗାଁକୁ ଯିବା ନୋହିଲା

ପିଲାବେଳ କଥା ଜାକିଜୁକିହେଇ
ମନର କେଉଁ ଏକ କୋଣରେ ଛପିଯାଇଛି
ବୋଲି ଅଳନ୍ଦୁ ଜମିଲାଣି ଯେ
ଏବେ ଆସ୍ତେଆସ୍ତେ ସ୍ମୃତି ସବୁ
ଇତିହାସ ପାଲଟିବାକୁ ବସିଲା ।

■

ଚୌକିଦାର

ପହିଲି ସଂଜରେ
ଏ ମୁଣ୍ଡରୁ ସେ ମୁଣ୍ଡ ଯାଏଁ
ବୁଲି ବୁଲି, ଗାଁ ଖୋଲିରେ
'ବେହେରେନ୍ ଚଲୋ, ବେହେରେନ୍... !

ଏଭଳି ଡାକ ପାରିବ ତ'
ମାଟି କାନ୍ଥ ଭେଦି ଛୁଇଁଯିବ
ଶୀତରେ ନିଆଁ ତାପୁଥିବା ହାତ,
ଗ୍ରୀଷ୍ମରେ ସପ ପାରି
ଦାଣ୍ଡରେ ଶୋଇଥିବା ନିଦ,
ଗାଁ ସୁରକ୍ଷା ଯେମିତି ଧପଧପ ଜଳୁଥାଏ
ମୂଷଳ ବାହୁରେ ତା'ର,

ମଲାଗୋରୁ ପଡିଥିଲେ ଦାଣ୍ଡରେ
ରାତିବିକାଳ ନମାନି
ଧପାଳି ଧପାଳି ଡାକିଯିବ ମେହେର
କୁହ୍ଲେଇ, ହାମୁଡେଇ, ଘୋଷାରି, ଘୋଷାରି
ନେଇ ଫିଙ୍ଗିବ ଗାଁ ମୁଣ୍ଡରେ

ଯେମିତି ଗାଁ ପରିବେଶ
ଶୋଭା ପାଉଥାଏ
ତା'ର ଝଳ ସରସର ହାତରେ

ବାବୁ-ଭାୟା ଆସିଲେ ଗାଁକୁ
ଜଗିରହିବ ସାରାରାତି
ଚୂଲୀକୁ କାଠ ବୋଝ ଜାତିଜାତି
ଅଇଁଠା ବାସନ ମାଜିବ
ଗାଁ ଦାଣ୍ଡ ଓଳେଇବ
ଏ ସବୁସବୁ କାମକୁ ଯେମିତି
କାହିଁ କେଉଁକାଳୁ ସମର୍ପିତ
ତା'ର ପିତୃପିଦର

ବାଳରୁ ବୃଦ୍ଧାଯାଏଁ
ନାକ ଟେକି ମାମଲତକାର ଭଙ୍ଗିରେ ଡାକନ୍ତି
ନାଁଧରି ତା'ର

ଯଦିବି ଏବେଏବେ ବୟସ ହେଇଛି
ଅଶି-ଏକ ମାତର

ଆଉ, ଅସଲ କଥା ଯେ'

ଚୌକିଦାର ବୋଲି ବୋଧେ
ରାସ୍ତାରେ ପାଦ ମାଡିଲେ
ଅସ୍ପୃଶ୍ୟ ଅସ୍ପୃଶ୍ୟ ଗନ୍ଧାଉଥାଏ
ନିଜ ଗାଁରେ ବି
ତା'ର ନିଜ ପଥର ଶରୀର ।

କିଛି ଦିଶେନା

ପାଉଡରର ମଖା ମୁହଁ ବରାବର
ଦାଣ୍ଡ, ଅଗଣା
ଆଇରନ୍ଦିଆ କୋଟ୍ ବରାବର
ଚକ୍‌ଚକ୍, ଜୁତା ଚିକ୍‌କଣ

ଭିମ୍ୱାର୍ରେ ସଫା
ଭାତରନ୍ଧା ଡେକଚି ବରାବର
ମହମହ ପାଇଖାନା,

ଏତକ ସତ୍ତ୍ୱେ
ପାଟିରେ ଭୁଡୁଭୁଡୁ ଅସନ୍ତୋଷ ଭାବ

ନିମ୍ୱ କି କଷା ଖାଇଲାପରି ମନଉଣା

ଆଉ କେତେ କ'ଣ କରିଥିଲେ
ତୁଷ୍ଟ ହେଇଥା'ନ୍ତା କେଜାଣି ?

ଗିହାଳି ପୁଅ ପାଇଁ
ଯେତେ କର, ଯାହା କର

ଝାଳ, ପରିଶ୍ରମ, ରକତ
ଦୁଃଖ, କଷଣ, ଆରତ
କିଛି ବୋଲି କିଛି ଦିଶେନା।

କାରଣ ବୋଇଲେ କିଛି ନାଇଁ

ଖାଲି ତାକୁ ମୋର ଜାତି ଜଣା,
ନୀଚକୂଳେ ଜନ୍ମ ହେଇଥିବା
କେବଳ ଜାତି ଜଣା ।

ହେ ! ପାଖଣ୍ଡି

ତୁ ଘୃଣାର ବିଷ ଦେଇଦେଇ
ମୋତେ ବଶୀଭୂତ କରିବାକୁ
କପଟ ପାଞ୍ଚିଲୁ

ମୁଁ କିନ୍ତୁ ତୋ ବିଷ ପିଇପିଇ
ବିଷଧର ପାଲଟିଗଲି

ତୁ ତୋ ଅହଙ୍କାରର ପଥର ସନ୍ଧିରେ
ମୋତେ ଚାପିଦେଇ ପଙ୍ଗୁ କରିବାର
ଷଡଯନ୍ତ୍ର ରଚିଥିଲୁ

ମୁଁ କିନ୍ତୁ ସେଇ ସନ୍ଧିରେ କିପଲେଇ କରି
ଦ୍ରୁମ ପାଲଟିଗଲି

ଆରେ !
ହେ ! ଅନ୍ଧବିଶ୍ୱାସୀ
ହେ ! ଜାତିବାଦୀ ପାଖଣ୍ଡି

ଏବେ ଛଳନାର ଛଦ୍ମବେଶ
ଖୋଲିପକା, ବିଷ ସିଞ୍ଚିବା ବନ୍ଦକର

ଆଉ, ଅହଂକାରର ପଥର
ଘୁଞ୍ଚେଇ ନେ !

ସମୟ ଖୁବ ଦୟାଳୁ ବୋଲି
ତୋତେ ସୁଯୋଗ ଦେଇଚାଲିଛି

ପରିସ୍ଥିତି ଖୁବ ଶାନ୍ତ ବୋଲି
ଉତକ୍ଷିପ୍ତ ହେଇନି
ତୋତେ ଆଶୀର୍ବାଦ କରିଛି

ଏଣିକି, ଆ ! ଚାଲିଆ !

ମୋ ସହ ମାଟିକାମ କର
ବର୍ଷା ଖେତରେ କୋଦାଳ ଧର
ଝାଡୁ ଧରି ରାସ୍ତା ସଫାକର

ଅବୁଝା ପାଠକୁ
ବିଳିବିଳେଇ ବିଳିବିଳେଇ
ଗୋବର ଖାଇବା ଛାଡ
ମୂତ ପିଇବା ବନ୍ଦକର

ମଣିଷ ପାଲଟି ଯାଆ,
ସୁଦ୍ଧୁ ମଣିଷ ପାଲଟି ଯାଆ

ନହୁବା ଦେଖ !

ମୋର ଗୋଟିଏ ଦଂଶନରେ
ତୋର ଘିଅ, ଗୋରସର ଶରୀର
ମୁରଝାଇ ଯାଇପାରେ

ମୋ ନରମ ଚେରର ତାକତରେ
ତୋ' ଛଳନାର ଛାତ
ଫାଟି ଯାଇପାରେ !

ସମ୍ପର୍କ

ତୁ' ଯେଉଁ ଶାନ୍ତିର ଗଛ ଶିଖରରେ ବସି
ପ୍ରେମ ଗୀତ ଗାଉଛୁ
ମୁଁ ନିଇତି ପାଣି ଦେଉଛି
ଅଦୃଶ୍ୟ ଚେରକୁ ସେଇ ଗଛର

ତୁ' ଯେଉଁ ଘରେ
ଅଚିନ୍ତା ଶୋଇ ଘୁଂଗୁଡି ମାରୁଛୁ

ମୁଁ ସେଇ ଘରକୁ ଉଜାଗର ରହି
ରାତିଦିନ ଜଗୁଥିବା ବଫାଦାର ଚାକର,

ତୁ' ଯେଉଁ ସମ୍ପତ୍ତିର ପୋଖରୀରେ
ଛଳଛଳ ମାଛପରି ପହଁରୁଛୁ
ମୁଁ ସେଇ ପୋଖରୀକୁ ବାନ୍ଧି ରଖିଥିବା
ହୁଡାର କଞ୍ଚା ମାଟି

ତୁ' ଯେଉଁ ଖେତର
କିସମ୍ କିସମ୍ ଖାଦ୍ୟ ଖାଇ
ପେଟ ଫୁଲେଇଛୁ ମୁଁ ସେଇ ଖେତକୁ

ଝାଳ ଆଉ ବଳରେ ସଜେଇ ଥିବା
ବାରମାସିଆ ଗୋଡି

ଜଣେ ମହାପୁରୁଷ କହିଥିଲେ :
'ଆମ ସମ୍ପର୍କ କୁଆଡେ
ପାଦ ଆଉ ଜୋତାର
ଚାଲିଲାବେଳେ ପାଦର
ନଚାଲିଲା ବେଳେ ଦାଣ୍ଡବାହାର'

ଆଚ୍ଛା ! ଟିକେ ପରଖିନେବୁ ତ' !

ଏ ଭଳି ଦେଣନେଣରେ
ଆଉ କେତେଦିନ ଚାଲିବ
ଆମ ସମ୍ପର୍କ ସଂସାର ?

■

ସଂସ୍କାର

ମହାଭାଗ !
ତମକୁ ତମ ପୋଥିପୁରାଣ ରାଣ

ଯେହେତୁ ମୋ ଫାଟିଲା ଏଡ଼ି,
କାଦୁଅ ସରସର ପାଦକୁ
ଧୋଇବାର ଛଳ କଲ

ସେଇ ଦିନୁ ମୋ ପାଦ ଉପରେ
ସଭିଙ୍କ ନଜର, ପାଦ କାଢିପାରୁନି ତ'
ଚୂଲୀରେ ନିଆଁ ଜଳୁନି

ଦୟାକରି, ଏତେ କପଟ କରତରେ
ଆଉ କାଟନି

ତମକୁ ଟଂକିକିଆ ଚାଉଳ ରାଣ
ଯେହେତୁ ମୋ ଅଗଣାରେ
ଭାତ ଖାଇବାର ଛଳକଲ
ସେଇଦିନୁ ଟାହି ଟାପରାରେ ଘର ପୂରିଯାଇଛି
ରାସ୍ତାରେ ସିଧାହେଇ ଚାଲିପାରୁନି

ଏଣିକି, କୃପାକରି ମୋ ଅଗଣା ଆଡେ
ନଜର ପକାଅନି

ତମକୁ ମୋ ଅସ୍ପୃଶ୍ୟତା ରାଣ
ମୋତେ ଛାଡିଦିଅ
ମୋର ଦିଅଁଦେବତା
ବାସି ତୋରାଣି, ଝାଡ୍ ଝରଣା ପାଶେ

ମୁଁ ଖୁବ ଭଲରେ ଅଛି
ମୋର ଢୋଲ, ଢାପ, ଆଉ ତାଲଖାଇର
ଝରଝର ସୁରରେ

ସତ କହୁଛି
ଭଜନ, କୀର୍ତ୍ତନ, ନିର୍ମାଲ୍ୟ, ଅମୃତର
ପବିତ୍ର ସଂସ୍କାର ମୋର ଜମା ଲୋଡାନାହିଁ

ବରଂ, ଭଲ
ମୋର ଡହଡହ, ଆଜନ୍ମ ଭୋକର
ଲଫଲଫ ଅସଂସ୍କାରିତ କିଆରି ।

■

ଅଲମାଲ ଫିଟି ଗଲେ

ଆରେ, ଆରେ !

କିଏ କିଏ ଅଛ ପାଖରେ ?

ଧାଇଁ ଆସ, ଧାଇଁ ଆସ
ତା'କୁ ଭିଡିକରି ଧର
ଜଲଦି କାବୁକର

କରତରେ ଗୋଡ କାଟିଦିଅ
ଆଖିଡୋଳା ଶୀଘ୍ର କାଢିନିଅ
ଗାଣ୍ଡିରେ ଲଙ୍କାଗୁଣ୍ଡ ଭରିଦିଅ
ପାଟିରେ ଗୁହ ଖୁଆଇ ଦିଅ
ପେଟରେ ଲାତବିଧା ମାର
ରାସ୍ତାରେ ନଂଗଳାକରି ଚଲାଅ
ମୁହଁରେ ଛେପ ଖଂକାର ଫୋପାଡ
କସିକରି ଛୁରିଭୁଷି ଚାଲ

ଡହଡହ ନିର୍ଯ୍ୟାତନାରେ ତା'କୁ ଜାଳି ପକାଅ

ଆଲମାଲ
ଗୋଟିଏ ଥର ଫିଟିଗଲା ଯଦି !

ଉଜୁଡେଇ ଦେବ
ଚତୁର ବୈଷମ୍ୟରେ ସାଇତି ଥିବା
ତମ ଗୁଣୁଗୁଣୁ, ମଧୁର କଳରୋଳ

ଭାଂଗିଦେବ ଖଣ୍ଡ ଖଣ୍ଡ କରି
ତମ ଜାତିବାଦର ପ୍ରାଚୀନ ଦେଉଳ
ତେଣେ ସମ୍ଭାଳୁ ଥିବ
ତମ ଦେଶର ଭୂଗୋଳ ।

■

ଘାଏଲା ମହାବଳ

ସିଏ ଆଉ ଆଗପରି
ଶାନ୍ତଶିଷ୍ଟ ହୋଇ ରହିନି
ତେଣୁ ବୋଲ ମାନୁନି

ବୋଧେ, ଚକ୍ରାନ୍ତକୁ ଚିହ୍ନି ପକେଇଲା କି କ'ଣ
ସୁଦୁ ଘାଏଲା ମହାବଳଟିଏ ପାଲଟିଗଲାଣି

ଭୋକ, ଶୋଷର ତୀକ୍ଷ୍ଣ କଷଣରେ
ତିଆରି କରିଛି ଦାନ୍ତ
ଅସ୍ପୃଶ୍ୟତାର ଜଳନ୍ତା ନିଆଁରେ
ଜଳେଇ ଜଳେଇ ପଜେଇ ରଖିଛି ନଖ

ଏପରିକି ମଲାଗୋରୁର ବି ମାଂସ ଖାଇ
ସିଦ୍ଧ କରିଛି ତମ ଗହଣରେ
ବଂଚିବାର ଉହକ ବିକଳ

ସଜାଗ ରୁହ !
ସିଏ ଏତେ ଉତକ୍ଷିପ୍ତ ଯେ
ଏକା ଢୋକରେ ବି
ପିଇ ଦେଇପାରେ ତମ ସାମାଜିକ ଅତ୍ୟାଚାରର
ହାଣ୍ଡିହାଣ୍ଡି ଗରଳ

ବଂଦକରି ଦେଇପାରେ
ଅୟସରେ ଲୁଚିଲୁଚି ଧରୁଥିବା
ତମ ସୁବିଧା-ସୁଯୋଗର ମାଗୁର, ଶେଉଳ

ଫଟେଇ ଦେଇପାରେ
ତମ ଘରେ ବାଜୁଥିବା
ଅହରହ ଅହଂକାରର ମର୍ଦ୍ଦଳ

ଆଉ, ଉଜୁଡେଇ ବି ଦେଇପାରେ
ମଦ, ମାଂସ, ମୈଥୁନରେ ଉଚ୍ଛୁଳୁଥିବା
ତମ ଝକମକ ମହଲ

ଅତଏବ
ଜାତି, ଧର୍ମ, ଅର୍ଥନୀତିର ଛଦ୍ମ ଖୋଳପାରେ
ନିଜକୁ ଆଉ କିଛିକାଳ
ସୁରକ୍ଷିତ ରଖିବାର ଅଛି ଯଦି
ପୁରୁଷପୁରୁଷ ଧରି ତମର ଚକ୍ରାନ୍ତକୁ
ଠିକଠିକ ସମ୍ଭାଳ

ସେ ଅନାର୍ଯ୍ୟ , ଅସ୍ପୃଶ୍ୟ !

ତମ ଚତୁରପଣକୁ
ଚିହ୍ନି ପକେଇଲା କି କ'ଣ

ଏବେ ପାଲଟିଯାଇଛି
ଖାଣ୍ଟି ଏକ ଘାଏଲା ମହାବଳ ।

■

ଗଙ୍ଗା ସ୍ନାନ

ଗଙ୍ଗାରେ ଶୋଷ ମେଣ୍ଟେନି
ଅଥଚ ମେଣ୍ଟିଯାଏ
ମଣିଷ ଶରୀର

ଅବଶ୍ୟ ଗଙ୍ଗାକୁ କିଏ ବା
ଶୋଷ ମେଣ୍ଟେଇବାକୁ ଆସେ ଯେ ?

ପୋଥିପୁରାଣ, ବିଶ୍ୱାସ, ପରମ୍ପରା
ଯାହାକୁ ବି ପଚାର
ମାନିବାକୁ ପଡିବ ଯେ
ଗଙ୍ଗା ଘାଟ ଏକ ବିଶୁଦ୍ଧ ଶ୍ମଶାନ
ଯେଉଁଠି ଅସଂଖ୍ୟ ମଣିଷ
ଅହରହ ଭଣଭଣ

ଶ୍ମଶାନ ଏକ ପବିତ୍ର ସ୍ଥାନ
ଅତଏବ, ଗଙ୍ଗା ବି
କିନ୍ତୁ କେବେ ବି ନୁହେଁ ଗଙ୍ଗା ସ୍ନାନ

ହେତୁକର ହେ ବିଜ୍ଞ ଜନ !

■

ୟେ ମୋର କ'ଣ ହେଇଛି ?

ମୁଁ ଚୁପ ଅଛି, ଚୁପେଇ ଯାଇଛି

ୟେ' ମୋର କ'ଣ ହେଇଛି ?

ଦୂର ବିଲରେ ନଂଗଳ ଧରି
ବାସିତୋରାଣି ପିଇଲା ବେଳେ
କହୁଣିରୁ ଝରୁଥିବା ଝାଳର ଝରଣା ଦେଇ
ବୋହିଆସେ ଗୋଟେ ଭୋକର ଡାକ
ସେ ଭୋକର ଡାକ
ହଳିଆ ଗୀତର ରଡିରେ କାନ ଫଟାଏ
ଅଥଚ ମୋତେ ଶୁଭେନା କିଛି
ମୁଁ ଭେକଲା ପାଲଟିଛି

ୟେ ମୋର କ'ଣ ହେଇଛି ?

ଇଟାଭାଟିର ଡହଡହ ନିଆଁରେ
ଜଳିଯାଏ ଗୋଟେ
ଛନଛନିଆ ପରିଶ୍ରମୀ ସ୍ୱପ୍ନ

ପୋଡା ସ୍ୱପ୍ନମାନ ଧୂଆଁହୋଇ
ଆକାଶକୁ ଉଡିଯାଏ
ଧୂଆଁ ପାଲଟେ ଅସହାୟତା ଓ
ଝରଝର ବର୍ଷିଚାଲେ

ପୋଡା ସ୍ୱପ୍ନର ବର୍ଷା ଦେହକୁ ଜଳାଏ
ମୋତେ ଅନ୍ଧାର କାମୁଡି ଚାଲେ
ଅଥଚ ମୋର ପ୍ରତିକ୍ରିୟା ନଥାଏ

ଏ ଅସହାୟତାମାନଙ୍କୁ କୋଳେଇ ନେଉଛି
ନୀରବ ଉପଭୋଗ କରୁଛି

ଯେ ମୋର କ'ଣ ହେଇଛି ?

ହେ ! ବେଗବାନ ଅସହାୟତାମାନେ
ହେ ! ଅଝଟ ଅସୁବିଧାମାନେ
ତୁମେ ସମୁଦ୍ରର ଲହଡି ପରି
ପୁରାଣକାଳରୁ
ମୋର ହୃଦୟର ନରମ, ବାଲି ସରସର କୂଳକୁ
ଅହରହ ଧକ୍କା ଦେଇଚାଲିଛ
ଖୁମ୍ପିଖାଇ ଚାଲିଛ
ଅଥଚ ମୁଁ ଜାଣିଜାଣି, ଶୁଣିଶୁଣି
ସହି ମରୁଛି, କଟଲି ଉଠୁଛି

ଯେ ମୋର କ'ଣ ହେଇଛି ?

ହେ ! ମୋର ପିତୃପୁରୁଷ
ଦେ'ଦେବତା, ମାତାପିତା ଗଣ !

ମୋତେ ଥରୁଟିଏ ତ' କହିଦିଅ
ମୁଁ କେଉଁଠୁ ପ୍ରାପ୍ତ ହୋଇଛି ଏ ନିଷ୍କ୍ରିୟତା
କେଉଁ ଭୟର ଚାପରେ
ବାହୁ, ଛାତି, ମସ୍ତିଷ୍କ ଚାପିହେଇଛି ଯେ
ମୋ ଭିତରର ପ୍ରତିକ୍ରିୟାଟିଏ
ମରି ପଡିଛି !

ମୋ ଧମନୀରେ
ଆଉ କେତେ ପ୍ରଖରହେଲେ ରକ୍ତର ସୁଅ
ବୁଝାପଡିବ ସେ 'ଗୋଲାମଗିରୀ'ର ଡାକ
ମୋ ଆଖିରେ ଆଉ କେତେ ଆଲୁଅ ଅବଶ୍ୟ
ଦେଖିବାକୁ ସମ୍ବିଧାନର ସାବଜା ଗଛରେ
ଲଫ୍‌ଲଫେଇ ଯାଉଥିବା ସଂଭାବନାର ମହକ

କେତେ ଜୋରରେ ବାଜିଲେ ଖଂଜଣି
କାନକୁ ଭେଦିବ 'ସ୍ତୁତି ଚିନ୍ତାମଣି'ର ନିର୍ବେଦ, ନିରାକାର ଶବ୍ଦ ?

ହେ ! ମୋର ପିତୃପୁରୁଷ
ଦେ'ଦେବତା, ମାତାପିତା

ଟିକିଏ ଆଶୀର୍ବାଦ ରଖ ।

ନୀରବତାକୁ ନେଇ ଛାନିଆ

ଆଜି ସହରରେ ଏତେ ନୀରବତା
ପରତେ ହେଉନି

ସକାଳ ସକାଳ ନା ଝାଡୁର ଶବ୍ଦ
ନା ମୋଟୋର ଗାଡିର ଘର୍ଘର୍
ନା ସହରତଳି ବସ୍ତିରୁ କୋଳାହୋଳ
ରାସ୍ତାରୋକ, ହରତାଲ,
ନା ବରଯାତ୍ରୀର ବ୍ୟାଣ୍ଡ
ନା ପୂଜାପାଠର ହୁଳହୁଳି
କିଛି ବୋଲି କିଛି ନାଇଁ

ଏମିତି ବି ସହରରେ
ଚଟିଆ, କାଉ, କୋକିଶିଆଳିଙ୍କ ଚଳପ୍ରଚଳ
ରାଜଦୁତ୍ ମୋଟରସାଇକଲ, ବାଜାଜ ସ୍କୁଟର ସହ
ଉଭେଇ ଗଲାଣି
ଏବେ ଖାଲି ଯୁଆଡେ ଦେଖିବ
ମର୍ସିଡିସ୍, ଅଡି ଗାଡ଼ିମାନଙ୍କର
ଭରପୂର ନୀରବ ପ୍ରଦୂଷଣ

ସେ ପଶୁପକ୍ଷୀର ଡାକ ବି
ମହରଗ ବୋଲି
ନୀରବତାର ପତିଆରା କାହିଁରେ କ'ଣ

ବିଶ୍ୱାସ ହେଉନି ଏ ନୀରବତା,
ନୀରବତାର କାରଣ

କାଲେ କେହି ଜଣେ ରାଜନେତା ବା ଶିଳ୍ପପତି
ବିରୋଧିର ଚାପରେ
ମୃତ୍ୟୁଦଣ୍ଡ ପାଇଗଲା କି ?

ଏଣିକି ଦେଶର ନିର୍ବାଚନ ହେବନି ବୋଲି
ସଂସଦରେ ଘୋଷଣା ହେଇଗଲା କି ?

କ'ଣ ହୋଇପାରେ
ଏ ନୀରବତାର କାରଣ ?

ନୀରବତାକୁ ନେଇ
ମୁଁ ଏତେ ଚିନ୍ତିତ କିଆଁ ?

ଆଉ ମୁହୂର୍ତ୍ତ କେଇଟା ପରେ
ମୋର କବାଟ, ଝରକା, କାନ୍ଥ ଫଟେଇ
କୋଳାହୋଳ ପଶିଯିବନି !

-୨-

କୋଳାହୋଳ କେବଳ କ'ଣ
ବାହାରେ ଥାଏ ?
ନା ଖଲଖଲ ଝରଣା ପରି
ବୋହି ଯାଉଥିବା ଧମନୀରେ

ନା ଘୋଘୋ ସମସ୍ୟାରେ
ଫାଟିପଡୁଥିବା ମସ୍ତିଷ୍କରେ

ଧକ୍କାକ୍ ହେଉଥିବା
ହୃତପିଣ୍ଡର ଅଳିନ୍ଦ ନିଳୟରେ ଗର୍ଜୁଥାଏ ?

ନୀରବତା ଓ କୋଳାହଳ ମଧ୍ୟରେ
ପାର୍ଥକ୍ୟ କ'ଣ ହୋଇପାରେ ?

ଧେତ୍ ତେରିକା !
ମୁଁ କିଆଁ ଏତେ ଛଟପଟ !
ମୋର କୋଉ ସନ୍ଦର୍ଭ ଲେଖିବାର ଅଛି
ନୀରବତା ଓ କୋଳାହୋଳର
ସାମଞ୍ଜସ୍ୟକୁ ନେଇ ଯେ ଏତେ କଥା ?

ମୋ ପାଇଁ
ଯାହା ନୀରବତା ତା' ହିଁ କୋଳାହୋଳ
ଯାହା କୋଳାହୋଳ ତା' ହିଁ ନୀରବତା ।

■

ସ୍ୱଚ୍ଛତା ହିଁ ସେବା

ତୁମେ ଯାହାକୁ ଅସନା କୁହ
ସେଇଟା ମୋର
ଭାତ ଫୁଟୁଥିବା ଚୂଲୀ

ଯାହାକୁ ଦୁର୍ଗନ୍ଧ କୁହ
ସେଇଟା ମୋତେ ବଞ୍ଚେଇ ରଖିଥିବା
ନିଃଶ୍ୱାସର ନଳୀ

ଜାତିଜାତିକା
ଅଇଁଠା ଭର୍ତ୍ତି ଜରିପୁଡିଆ ସାଉଁଟେ
ବାନ୍ତି, ଖଙ୍କାର, ଗୁହ-ମୂତ
ମଦ ବୋତଲକୁ ଗୋଟାଏଁ

ବୁଲା କୁକୁର ସହ ଯୁଦ୍ଧକରି
ଅଳିଆକୁ ଘାଣ୍ଟେ ବୋଲି ହିଁ
ହାଣ୍ଡି ପାଇଁ ଚାଉଳ ଯୋଗାଡି ପାରେ

ମୋତେ କିଛି ଜଣା ନାଇଁ ଆଜ୍ଞା !
ସ୍ୱଚ୍ଛତା କହିଲେ କ'ଣ
ସେବା କହିଲେ କ'ଣ

ମୋତେ ତ'
ରାତି ପାହିଲେ ଡାକ ପାରୁଥାଏ
ତମ ଅଳିଆ ଆବର୍ଜନା,

କେତେ ବୋଲି କେତେ
ତିଆରି କରୁଛ ମଇଳା ଯେ
ତମ ମହଲ ଘର ସତେ ଯେମିତି
ଅସନା ତିଆରି କାରଖାନା

ତେଣେ ତମ ଅହଂକାରୀ ମନରେ
ଏ ଯାଏଁ ମୁଁ
କେବେ ବି ଦେଖିପାରିନି
କାଣିଚାଏ କରୁଣା

ଠିକ ଅଛି
ମୋର ବି ଚୂଲୀ ଜାଳିବାକୁ
ଯେବେ ସାମର୍ଥ୍ୟ ଆସିଯିବ

ତେବେ, ଜଣାପଡିବ
ସୁନା ଖଡିକାରେ ଝାଡୁକରି
ଟିଭି ପରଦାରେ ଫଟୋ ଉଠେଇ
ବାହାବା ନେଉଥିବାର
ତମ ସେବାକାରୀ କପଟୀ ବହାନା ।

■

ଭରସା

ତା' ଦେଇ
କିଛି ବି ହେଇ ପାରିଲାନି

କଞ୍ଚା ପରିବା ଉପରେ
ଶାଗୁଆ ରଙ୍ଗ ଛିଟି
ଲୋକଙ୍କ ଆଖିରେ ଭ୍ରମବୋଳି
ହାଟରେ ମାମଲତଗିରି ସହ ପରିବା ବିକିବା

ପ୍ରଧାନମନ୍ତ୍ରୀ ଓଗେର
ବଡବଡ ନେତାଙ୍କୁ ଅନୁକରଣ କରି
ଫମ୍ପାଶବ୍ଦ ବିକି
ଗାଁ ଲୋକଙ୍କୁ ଭୁଆଁବୁଲେଇ ଟାଉଟର ସାଜିବା

ଏପରିକି, ଉପରେ
ବଡ ଧରଣର ସମ୍ପର୍କଟିଏ ରଖି
ଭାରତର ପାର୍ଲାମେଣ୍ଟକୁ ଉଠେଇ ନେଇ
ବିଦେଶରେ ନିଲାମ କରିବା

ଏସବୁ, କିଛି ବି ହେଇ ପାରିଲାନି

ଏବେ ଦେଖ
ମେଟ୍ରୋ, ମଟରସାଇକଲ
କାର, ବସ, ଚାଲୁଥିବା ରାଜଧାନୀରେ
ରାସ୍ତାକଡ ନିମ୍ବଗଛ ତଳେ ବସିଛି

ପମ୍ପ, ଭୋଲଟ୍ୟୁବ୍
ଫଟା ସାଇକଲ ଟାୟାର ସମେତ,
ପାନା ପେଚକସ୍ ନେଇ
ସଂସାର ମେଲେଇ ଦେଇଛି

ଆରେ !
ଆଜିକାଲି କ'ଣ
କେହି ସାଇକଲ ଚଢୁଛନ୍ତି ?
ନା ରାଜ ରାସ୍ତାରେ ପଂଚର ହେଉଛି ?

ଶଳା, ପାଗଳକୁ ଦେଖ !
ପେଟକୁ ବାଜିମାରି
ବିଡ଼ି ଟାଣିଟାଣି ଡୁଗଡୁଗ୍ ଦେଖୁଛି
ସାଇକେଲ ମରାମତି ପାଇଁ ଜଗିଛି

କେବେ କାଳେ
ସରକାର ପ୍ରଦୂଷଣ ମୁକ୍ତ ଭାରତ
ଘୋଷଣା କରିବେ

ଲୋକେ ସାଇକଲ ହିଁ ଚଳେଇବେ ଯେ
ତଥାପି ଭରସା ରଖିଛି ।

କିଛି ବି ଘଟି ଯାଇପାରେ

ଏ ସହରରେ
କିଛି ବି ଘଟି ଯାଇପାରେ

ଘୋଘୋ ମେଘରଡି
ଆଖିଫଟା ବିଜୁଳି ସତ୍ତ୍ୱେ
ଟୋପାଏ ବର୍ଷା ହୋଇନପାରେ

ଅନର୍ଗଳ ବୁକୁଫଟା କାନ୍ଦଣା
ଛାତିଫଟା ଯନ୍ତ୍ରଣା ସତ୍ତ୍ୱେ
ଆଖିରୁ ଟୋପାଏ ଲୁହ ଝରି ନପାରେ

ଘରଟି ରହିବା ପାଇଁ ଅଯୋଗ୍ୟ,
କୌଣସି ମୁହୂର୍ତ୍ତରେ
ଭୁଶୁଡି ପଡିବ ବୋଲି
ସରକାରୀ ଘୋଷଣା ସତ୍ତ୍ୱେ
ଦେହଜୀବୀଙ୍କ ବ୍ୟବସାୟ
ସୁରୁଖୁରୁରେ ଚାଲିପାରେ

ରିଲିଫର ଭାତମୁଠା
ଓଠ ପାଖକୁ ପହଞ୍ଚୁ ପହଞ୍ଚୁ

ଭୋକିଲା ପେଟକୁ ଦଳିଦେଇ
ଚାଉଳ ଭର୍ତ୍ତି ଟ୍ରକ୍
କେଉଁ ଆଡେ ଉଭାନ ହୋଇଯାଇପାରେ

ଏ ସହରରେ
କିଛି ବି ଘଟିଯାଇପାରେ

ଏଠି ବାହାସ୍ଫୋଟର କାକଳୀ
ମିଛ ଆଶ୍ୱାସନାର ପୁଷ୍ପାଞ୍ଜଳି
ଛଳନାସିକ୍ତ ସମବେଦନାର ଭରପୂର ଅମୃତ ଥାଳି

ଶୁଭିପାରେ
ଅର୍ପଣ କରାଯାଇପାରେ
ପରସା ଯାଇପାରେ
ସହର ମଝିରେ ଠିଆହୋଇ
ଆକାଶର ଜହ୍ନକୁ ପାପୁଲିରେ ଧରି
'ହେଇ ଦେଖ ରାତିଟାକୁ ଦିନ କରିଦେଲି' ବୋଲି
ଡିଙ୍ଗୁରା ପିଟାଯାଇପାରେ

ମଧୁର ମଧୁର ଭାଷଣର
ଏକେ-୪୭ ଧରି ଜଳନ୍ତା ସୂର୍ଯ୍ୟୋଦୟକୁ ଗୁଳିକରି
ସାରା ଦେଶଟାକୁ ଅଂଧାର କରି ଦିଆଯାଇପାରେ

ହୋ !
ଉଜ୍ଜ୍ୱଳ ଦେଶର
ଅନ୍ଧ ମଣିଷମାନେ !

ଏଣିକି ତମ ଉର୍ବର ମସ୍ତିଷ୍କକୁ ବ୍ୟବହାର କର
ଆଉ ଚିହ୍ନିନିଅ ଯେ

କିଏ ନିଜର, କିଏ ପରର
କିଏ କୋଇଲି
ଆଉ, କିଏ ଚତୁର କାଉର ବଂଶଧର

ଜାଣି ରଖ
ଏ ସହରରେ କିଛି ବି ଘଟିଯାଇପାରେ
ଏ ସହର
କାହାପାଇଁ ବି ହୋଇ ନପାରେ ନିଜର ।

ଦୂରତା

ଆମେ ଦୂରତାକୁ
କେବଳ କିଲୋମିଟରରେ ମାପିବା
ବୋଧହୁଏ ସବୁବେଳେ ଠିକ ନୁହେଁ

ଗାଁରୁ ସଂସଦ ଯେତେ ଦୂରେ ଥିଲା
ମୋ ପାଇଁ
ଏଇଠି, ଦିଲ୍ଲୀରେ ସେଇ ଦୂରତାରେ
ଠିଆ ହେଇଛି ସଂସଦ,
ମହାନଗରକୁ ସଫାସୁତୁରା କରି ରଖୁଥିବା
ମେହେଂତର ପାଇଁ

ଫରକ କେବଳ ଏତିକିଯେ
ମୁଁ ଟିଭି ପରଦାରେ ଦେଖେ,
ଏଇଠି କିନ୍ତୁ ସିଏ ରାସ୍ତା ସଫା କରୁକରୁ
ମହାମହୀମଙ୍କ ନାଲିବତୀ ଗାଡି
ସାଇରନ୍ ବଜେଇ ଗଲାବେଳେ
ରାସ୍ତାକଡରେ ଆଡେଇ ହୋଇ ଦେଖେ,

କାମ କରିକରି ହାଲିଆ ହେଇ
ପାଣିମୁନ୍ଦେ ଢୋକିଲା ବେଳେ

ସଂସଦ କୋଠାରେ ଉଡୁଥିବା
ତ୍ରିରଙ୍ଗା ତା' ସାମ୍ନାରେ ଫରଫର କରୁଥାଏ

ଦୂରତା ଗୋଟୋଏ ବିଚାର,
ଏକ ଧାରଣା
ଏକ ଦୃଷ୍ଟିଭଂଗୀ ବି

ତାକୁ ମାପିବା ପାଇଁ
କେବଳ କିଲୋମିଟରକୁ ଠିଆ କରେଇବା
ଠିକ ନୁହେଁ ବୋଧହୁଏ ।

■

ରାସ୍ତା

କିଏ କାହାକୁ ବେଶୀ
ନିର୍ଭର କରେ

ରାସ୍ତାକୁ ପାଦ
ନା ପାଦକୁ ରାସ୍ତା ?

ମେଘ ପରି
ଯିଏ ଅହରହ ବଦଳୁ ଥାଏ
ସିଏ ରାସ୍ତା

କେବେ କେବେ
ରାସ୍ତାକୁ ଭାଙ୍ଗେ ପଥିକ ତ'
କେବେ ରାସ୍ତା ଭାଙ୍ଗି ଦିଏ
ପଥିକର ଗତିପଥ

ରାସ୍ତାର ଆରଂଭ କିମ୍ବା
ଶେଷ ବୋଲି କିଛି ନ ଥାଏ

ଆଖି ଯାହାକୁ ଦେଖେ
ତାହା ରାସ୍ତା ହେଇ ଲମ୍ବି ଯାଏ

ପାଦ ରହିଥାଏ
ସ୍ଥିର, ଥବିର
ସମୁଦ୍ରକୂଳ ପରି ଅଟଳ,
ଢେଉ ମାଡରେ ବି ଚଳଚଂଚଳ

କେବେ ମାଟି ଖସୁଥାଏ ପାଦତଳ ରାସ୍ତାରୁ ତ'
କେବେ କେବେ
ପାଦ ଉପରେ ମାଡି ବସିଥାଏ
ରାସ୍ତାର ବୋଝ

ସମୟକ୍ରମେ
ପାଦ ଉଠେ, ପାଦ ପଡେ

କେବେ କେମିତି ଝୁଂଟିହେଲେ ପାଦ
ସ୍ନେହରେ ରାସ୍ତା ତୋଳିଧରେ

ହେଲେ ଝୁଂଟି ହେବାର
ବଦନାମ ଟିକକ
ସବୁବେଳେ ରାସ୍ତା ହିଁ ମୁଣ୍ଡେଇ ଥାଏ ।

■

ପରମାନନ୍ଦ ଚାଲିଯିବା ପରେ

ପରମାନନ୍ଦ
ଯେମିତି ହସୁଥିଲା, ସେମିତି ବଞ୍ଚୁଥିଲା

ଗୁଣ୍ଡୁଚି ମୂଷା ଯେମିତି
ଚୁପ୍‌ଚାପ୍ ଗଛକୁ ଉଠେ
ବେଳେବେଳେ ତଳକୁ ଓହ୍ଲାଏ
ଇଚ୍ଛା ହେଲେ ଦି' ଗୋଡରେ ଠିଆ ହୋଇ
ନିଶକୁ ଆଉଁଷେ ତ'
କେତେବେଳେ ମାଟିରେ ଦୌଡୁଥାଏ
ଠିକ ସେମିତି
ଶାସନପଦାରୁ ଚନ୍ଦ୍ରଭାଗା
କୋଣାର୍କରୁ ଭୁବନେଶ୍ୱର
ଗୋଟିଏ ଲମ୍ଫରେ ପହଞ୍ଚୁଥିଲା

ତା'ପାଇଁ ଦିନ ଓ ରାତି ସମାନ ଥିଲା
ସାରାରାତି ଉଜାଗର ରହି
ପୂର୍ଣ୍ଣମୀର ଜହ୍ନ ଆଲୁଅରେ
କୋଣାର୍କକୁ କେବେକେବେ ଦେଖୁଥିଲା

ତ' ଚନ୍ଦ୍ରଭାଗା କୂଳେ
ଏମିତି ଶୋଇଯାଏ ବାଲିଉପରେ ଯେ

ଢେଉ ମାଡିଯାଇ ଓଦା ହେଲେ
ନିଦ ଭାଙ୍ଗୁଥିଲା

ପରମାନନ୍ଦ
ଏଇମିତି ହିଁ ବଞ୍ଚୁଥିଲା
ତାକୁ ନେଇ
କିଛି ଅପବାଦ ନଥିଲା

ମୋତେ ବିଶ୍ୱାସ ଲାଗେନି ଯେ
ଏତେ ବଡ ପୃଥିବୀରେ
କେହି ଜଣେ ତା'ର ଶତ୍ରୁ ଥିଲା

କାରଣ
ସିଏ ଚୁପ୍ଚାପ୍ ହସୁଥିଲା
ନଈ, ନାଉରୀ, ସଂସାର, ସମୁଦ୍ର
ଜୀବନ, ବୈରାଗ୍ୟକୁ
ଠିକ୍ ଠିକ୍ ବୁଝିଥିଲା

ଏବେ ସିଏ ଚାଲିଗଲା !

ତା' ବାଡିର ଲେମ୍ବୁ
ସପେଟା ଗଛର ଫୁଲ
ବିନା ସାରଦିଆ ଶାଗ

ଏବେ ଫଳିବେ ନା ବଢିବେ ?

ପରମାନନ୍ଦ ଚାଲିଯିବା ପରେ
ସବୁସବୁ କଥା
ସନ୍ଦେହ ଘେରକୁ ଆସିଲା ।

■

ଶୀତରାତି ସବୁ ଦେଖୁଛି

ସହରରେ ରାତି ଅଧିଆ
ପୋଲିସ ପେଟ୍ରୋଲିଂ ଗାଡି
ସାଇରନ୍ ବଜେଇ ବୁଲିବା ସତ୍ତ୍ୱେ

ସବୁଠି ନିର୍ଭୟରେ
ଟହଲ ମାରୁଛି ଶୀତ

ଆଜିକାଲି ଅବଶ୍ୟ କେହି ଶିଶୁ
କାନ୍ଦୁ ନାହାନ୍ତି ଘରମାନଙ୍କରେ
ଶୀତକୁ ଖାତିର ନକରି
ସମସ୍ତେ ମୋବାଇଲ ଗେମରେ ବ୍ୟସ୍ତ
ଶୀତ ଏବେ ସାମାନ୍ୟ ବିଚଳିତ !

ଯାହା ଖାଲି
ଠିପି ଖୋଲା ମଦ ଦୋକାନ ପାଖେ
ସିଝା ଅଂଡା ବିକୁଥିବା
ଉଠା ଦୋକାନୀର
ଚୋରା ଇଲେକ୍‌ଟ୍ରିକ୍ ବଲ ତଳେ
ଚୁପିଚୁପି କଡ଼େଇ ହେଇଛି ଶୀତ

ସେଇ ଲୋକର କାଖସନ୍ଧିରେ
ଯିଏ ଚାଖନା କିଣିଯାଇଛି

ପାଖ କଲଭର୍ଟ ଉପରେ
ଏକ ଛିଣ୍ଡା ଅଖା ଘୋଡିହେଇ
ଘୁମଉଥିବା ରାତି
କେବେକେମିତି ଡୁଗ୍ଗୁର୍ ଦେଖୁଛି
ଶୀତକୁ ନିରେଖୁଛି

ଛକିଛି ଯେ କେତେବେଳେ
ଚୋରା ଇଲେକ୍ଟ୍ରିକ ବଲ ଲିଭିବ,
ଶୀତକୁ ଆଡେଇ
ଠିପି ଖୋଲୁଥିବା ଲୋକେ
ବୁଲା କୁକୁରକୁ ଲାତମାରି ବାହୁଡିବେ,

ରାତିଟା ଝାଡିଝୁଡି ହେଇ
ହାଇୱେକୁ ବାହାରି ପଡିବ।

ସାରା ଇଲାକାରେ
ଶୂନ୍‌ଶାନ୍ ବଢିବଢି ଚାଲିଛି ତ'
ମଦ ଦୋକାନରେ ଗହଳଚହଳ ଆହୁରି ଜମୁଛି
ରାତିଟା କଲଭର୍ଟ ଉପରେ
ତଥାପି ବସିଛି

ଏଇ କିଛି ମୁହୂର୍ତ୍ତ ହେବ
ହାତଗୁଞ୍ଜା ନେଇ ପୋଲିସ ସାଇରନ୍
ବାହୁଡି ଯାଇଛି ତ'
ସ୍ଥାନଟି ଜନଶୂନ୍ୟ ହେବାର
ଧାର ଧରୁନି

ଚାଖନା କିଣୁଥିବା ଲୋକର କାଖରେ
ଶୀତ ଧୀରେଧୀରେ ଝାଳେଇ ଯାଉଛି
ଏଣେ ଘୁମଉଥିବା ରାତି ଚେଇଁଉଠି କେବଳ
ଡୁଗ୍‌ଡୁଗ୍ କରି ଦେଖୁଛି

ନା ସୁସୁରି ବଜେଇ
ପଦଟିଏ ଗୀତ ଗାଇ ପାରୁଛି
ନା ଖଣ୍ଡି କାଶଟିଏ ମାରିପାରୁଛି

ରାତି ଉଜାଗର ରହି
ଉସିନ୍ଦ୍ରାରେ ଟଳିପଡୁଛି ଯେ
ଜଣାପଡୁନି
ଠିପିଖୋଲା ମଦ ଦୋକାନ ବନ୍ଦହେବାକୁ
ଆହୁରି କେତେ ସମୟ ବାକି ଅଛି ।

■

ଜିଅନ୍ତା ଇତିହାସ

ମୁଁ ପାଦ କାଢିଲେ ଇଁ
ସକାଳର ପ୍ରତି ପାହୁଣ୍ଡରେ
ଏକ ଜିଅନ୍ତା ଇତିହାସର ଶବ ଉପରେ
ଝୁଣ୍ଟି ହେଉଛି

ଏ ଇତିହାସର ଶବ
ସବୁବେଳେ ମୋତେ ଚେତେଇ ଦେଉଛି
ତା'ର ବଂଚିଥିବାର ଉଦଘୋଷଣା

ସବୁବେଳେ
ମୋର ଦେହର ଚର୍ମକୁ ଆଞ୍ଚୁଡି
ମୋର ଖପୁରି ଭିତରକୁ ପଶି
ଜଣେଇ ଦେଉଛି
ତା'ର ନାନାବିଧ ଅତୀତର କାରନାମା
ଚେତେଇ ଦେଉଛି ଯେ !
ଦେଶରେ ସୁବର୍ଣ୍ଣ ଯୁଗ
ପୁଣି ଆସୁଛି ଗୁପ୍ତ ଯୁଗରେ ବୌଦ୍ଧ ସନ୍ୟାସୀଙ୍କ
ଅବସ୍ଥା ପରି ଏବେ ପାନସାରେ, ଦାଭୋଲକର, କୁଲବର୍ଗୀଙ୍କ
ମୁଣ୍ଡ ବିନିମୟରେ
ହେଇ, ହେଇ ତ' ବଇନି ଆରମ୍ଭ ହୋଇଛି

ଜାତି, ଧର୍ମ, ସଂରକ୍ଷଣ ନାଁ ଶୁଣି
ଜଣାପଡୁଛି ବହିରାଗତ ଶତ୍ରୁକୁ ଅନ୍ତେବାସୀ
ଭୟ କରିବାର ନାହିଁ,
କେବଳ ପରିବାର ଭିତରେ
ମହାଭାରତ ପାଇଁ ମଞ୍ଚ ସଜଡା ଚାଲିଛି
ପାର୍ଲ୍ୟାମେଣ୍ଟରେ ସବୁ ବିଲ, ଏ ସଂକ୍ରାନ୍ତରେ
ଗୃହିତ ହୋଇସାରିଛି,
କୃଷ୍ଣ ଆସିଯିବେ ପ୍ରାୟ
ପାଞ୍ଚଜନ୍ୟ ଯଥା ସ୍ଥାନରେ ରଖାଯାଇଛି

ପ୍ରଜାମଙ୍ଗଳ ରାଜ୍ୟରେ
ଯେବେ ମାଟି, ପାଣି, ପବନ
ନିଜିକରଣ ହେଇଗଲା ତ'
ପୁଞ୍ଜିନିବେଶ ରୂପରେ
ଇଷ୍ଟ୍ ଇଣ୍ଡିଆ କମ୍ପାନୀ ଫେରି ଆସୁଛି

ରାଜଘାଟରେ 'ହେ ! ରାମ...' ଦେଖିଲେ
ଲୋମ ଶୀତେଇ ଯାଉଛି
ରାମରାଜ୍ୟର ଆଢୁଆଳରେ
ଉଚ୍ଚନୀଚ ଜାତି ନେଇ
ସତେ ଯେମିତି ଦେଶ ଅନେକ ପାକିସ୍ଥାନ
ଆଡ଼କୁ ମୁହାଁଉଛି

ଏମିତି ଅନେକ ଇତିହାସର ଶବ ଉପରେ
ମୁଁ ଝୁଣ୍ଟି ହେଉଛି

ଭୟ ଲାଗୁଛି,
କାଳେ ଇତିହାସଟି ଆସ୍ତେଆସ୍ତେ
ଜୀବନ୍ୟାସ ପାଇ ପୁଣି ଫଣା ଟେକୁଛି !

■

ଚୁପ ଚାପ୍ ସନ୍ଦେଶ

ଆଜିକାଲି
ଆଉ କ'ଣ ପାରା ଅଛନ୍ତି ଯେ
ସନ୍ଦେଶମାନେ
ଗୋଡ଼ରେ ବାନ୍ଧାହୋଇ
ଉଡ଼ିଉଡ଼ି ଆସି ବସିବେ ଅଗଣାରେ ?

ପୋଷ୍ଟକାର୍ଡମାନେ ଅଛନ୍ତି ଯେ
ମୁଣିରେ ବୁହାହୋଇ ଆସି
ତାଲା ଲାଗିଥିବା କବାଟ ସାମ୍ନାରେ
ଗଡୁଥିବେ ମାଟି ଚଟାଣରେ ?

ଏଇମିତି ହିଁ ଆସିବେ

ହ୍ୱାଟସପ ବା ମେସେଜରେ
ମୋବାଇଲ ସାଇଲେଣ୍ଟ ମୋଡରେ
ଥିବା ସତ୍ତ୍ୱେ,

ଏବଂ, ଝଣ୍‌ଝଣ୍ ତରଙ୍ଗ ସୃଷ୍ଟିକରି
ସୂଚନା ଦେବେ
ପଢ଼ି ଯା...ପଢ଼ି ଯା...

ବାବାଜୀ ନାଏକ ସାର୍ ମରିଗଲେ

ନ' ବର୍ଷର ଝିଅକୁ
ରେପ୍ କରି ଲୋକେ ମାରିଦେଲେ

ବିନା ଟିକଟରେ ଚଢୁଥିବା
ପାସେଞ୍ଜର ଟ୍ରେନ୍‌କୁ
ସରକାର ବିକିଦେଲେ

ଚୁପ୍‌ଚାପ୍ ଆସିଥିବା ସଂଦେଶମାନେ
ଛାତି ଉପରେ ଏକ ପଥର ଫିଙ୍ଗିଦେବେ ତ'
ସ୍ଥିର ଛାତିର ପଞ୍ଜରା କମ୍ପି ଉଠିବ

ବିନା ହେପାଜତ୍‌ରେ ବାଡିରେ ବଢୁଥିବା
ଅମୃତଭଣ୍ଡା ଗଛ ପରି
ନହନହକା ଜୀବନ ଦୋହଲି ଯିବ

ପ୍ରଶ୍ନ ପଚାରିବ

ଜୀବନ ବୋଇଲେ କ'ଣ ?

ଗଛ ତଳର ଶୁଖିଲା ପତ୍ର
ମୃଦୁ ପବନରେ ଖଡ୍‌ଖଡ୍ ହେବାର
ଅନିଶ୍ଚିତତା ନା
ଉଡି ଯାଉଥିବା ପକ୍ଷୀର ଡେଣାରୁ
ସମ୍ଭାବ୍ୟ ଖସିପଡିବାର
ଏକ ପରକୁ ଅପେକ୍ଷାର ନୀରବତା ?

■

ବାହାରେ ତାପମାନ କେତେ ଥିବ ?

ଜାନୁଆରିର ଶୀତ ସକାଳ
ଲଘୁଚାପ-ବର୍ଷା ପରର
ସୁଁ,ସୁଁ ପବନରେ
ତଥାପି କୁହୁଡ଼ିଆ ଅନ୍ଧାର,

ସାତ ମାଇଲ ଯାଇ
ଧାଡ଼ିରେ ଠିଆହେବାକୁ ପଡ଼ିବ
ଖାଣ୍ଟି ଖାସି ମାଂସ ପାଇଁ

ଜଣା ନାଇଁ
ବାହାରେ ତାପମାନ କେତେ ଥିବ

ଦେଖୁଛି ଗତ ରାତିରେ
ଜଣେ ବେମାରିକୁ ଧରି ଆସିଥିବା ଗାଁ ଲୋକେ
ସାରାରାତି କାଗଜ, ଜରି ଜଳେଇ ଶବ ଜଗିଛନ୍ତି ତ'
ରାତି ପାହି ଗଲାଣି

ରାତିରେ ଆମ୍ବୁଲେନ୍ସ ସେବାର ଦାମ
ଶବ ଫେରେଇବାକୁ
ଜୀଅନ୍ତା ମଣିଷଠୁ ବି ବେଶି

ଭୋର ଟାଉନ ବସ୍
ଷ୍ଟାଟହେବା ପୂର୍ବରୁ
ବାହାର ନଳକୂଅରେ ଗାଧୋଇ
ଫୁଙ୍ଗୁଳା ବେଶରେ ହେଲପର୍ ପିଲା
ଅଗରବତୀ ଜଳେଇ ସାରିଲାଣି
ବାହାରର ବା ତାପମାନ ପରଖିବାକୁ
ତା'ର ଫୁରସତ୍ କାଇଁ ?

କିଛି ସମୟ ପୂର୍ବରୁ
ମେହେଂତରାଣୀର
ସର୍‌ସର୍ ଶୁଭୁଥିବା ଝାଡୁ ଶବ୍ଦ
ତଥାପି ସୂର୍ଯ୍ୟକୁ ଘୋଡ଼େଇ ରଖିଛି

କେତେବେଳୁ
ମୋର ଚା' କପ୍‌ର ବାମ୍ଫ
ଚୂଲୀରେ କଞ୍ଚାକାଠର ଧୂଆଁ ପରି
ଉଠି ଚାଲିଥିଲା ଉପରକୁ

ଆହୁରି ଉପରକୁ

ଏବେ କମି ଆସିଲାଣି !

ଝିଟିପିଟି ପରି ଶୀତୁଆ ଘଣ୍ଟା
କାନ୍ଥରେ ଲଟକି ଯାଇଛି

କହୁଛି 'ସାତ ବାଜିଛି'
ଚିହ୍ନା ପରିବା-ବିକାଳି
'ଶାଗ, ଶାଗ' ପାଟି କରୁଛି ଯେ
ସହଜରେ କଳି ହେଉନି
ବାହାରେ ତାପମାନ
କେତେ ଥିବ କେଜାଣି ?

ଘୃଣା

ଆଜିଯାଏଁ ମୁଁ କାହାକୁ
ଏତେ ଘୃଣା କରିନଥିଲି

ଦେଖୁଛି ସେ ଜଣକ ପ୍ରତି
ଏବେ ଘୃଣା ବଢିବଢି ଚାଲିଛି

ଚେଷ୍ଟା କରୁଛି
ସେ ଘୃଣାର ପାଖୁଡାକୁ
ବରାବର ଛିଣ୍ଡେଇଦେବା ପାଇଁ

ଅଥଚ ପାଖୁଡାଟି କଲମୀ ହୋଇ
ପୁଣି ଦ୍ୱିଗୁଣିତ ହେଉଛି
ଘୃଣା ଆହୁରିଆହୁରି ଶାଖା ମେଲୁଛି

ବାକ୍ ସ୍ୱାଧୀନତା ଥିବା ସତ୍ତ୍ୱେ
ଚାରିକାନ୍ଥ ଭିତରେ ବି
ମୁଁ ଧରିପାରି ନଥିଲି ତା'ର ନାଁ
ନୀରବରେ, ଭୟରେ

ସେ ବ୍ୟକ୍ତି ଜଣକୁ
ଚିହ୍ନିବାର ଅଛି ଯଦି ଏବେ ଦୌଡି ଆସ

ଦୌଡି ଆସ ହୋ ଜନଗଣ !

ସେଇ ଦେଶଦ୍ରୋହୀ ଶାସକର ନାଁ
ଘୋଷଣା କରିବାକୁ ଯାଉଛି
ମୁଁ ଯଥାଶୀଘ୍ର ଖୋଲାମଂଚ ଉପରେ ।

■

ସହରୀ ଗଙ୍ଗା

ମୁଁ କିଛି ବି କରିପାରିଲିନି

ଝୋଝୋ ବର୍ଷିଲା
ବାଦଲ ନାଇଁ, ବିଜୁଳୀ ନାଇଁ
ଘଡ଼ଘଡ଼ି ବି ନାଇଁ

ଶୁଖିଲା ରାସ୍ତା
ସତେ କି ଗଙ୍ଗା ପାଲଟି ଗଲା

ଆଉ ଗଙ୍ଗା ନୁହେଁ ତ' କ'ଣ ?

ମଲା କୁକୁର,
ସ୍ୱେରେଜର ରଂଗୀନ ମଇଲା
ଡ୍ରେନର ସବୁ କାଦୁଅ ସହ
ଫୁଟପାଥ ଦୋକାନର
ଅଇଁଠା ଓ ଖଲି ପତର
ଭାସିବାରେ ଲାଗିଲା

ଶୁଖିଲା ରାସ୍ତାଟି ଦେଖୁଦେଖୁ
ଗଙ୍ଗା ପରି ଦେଖାଗଲା
ସାକ୍ଷାତ ଗଙ୍ଗା ପାଲଟିଗଲା

ଆଉ ମୁଁ ତ'
ଗଙ୍ଗା କୂଳର ଖୁଚୁରା ବେପାରୁଣୀ !

ଫୁଟପାଥରେ ମକା ସେକେ
ଅନ୍ତତଃ ଦିନକୁ ୧୫-୨୦ ମକା
ବିକ୍ରି ହୋଇଗଲେ ଦୁଇଟି ଛୁଆର ପେଟରୁ
ଭୋକ ଭଗାଏଁ

କିଛି କରିପାରିଲିନି
ଆଜି ସବୁ ସରିଗଲା

ଓଖଲା ହାଟରୁ କିଣି ଆଣିଥିବା
କୋଇଲାରେ ଯେଉଁ ନିଆଁ ଜଳୁଥିଲା
ତାକୁ ଗଙ୍ଗା ପାଣି ବୋହିନେଲା

କାଦୁଅ, ମଇଳା, ମକା, କୋଇଲା
ଏକାକାର ହୋଇଗଲା

ଝୋ,ଝୋ ବର୍ଷାରେ
ଏତେବଡ ସହରର ରାଜରାସ୍ତା
ଗଙ୍ଗା ହିଁ ପାଲଟି ଗଲା

ଗଙ୍ଗା ତ' ସମୁଦ୍ରରେ ମିଶେ

ସହରୀ ଗଙ୍ଗା କିନ୍ତୁ
ମୋର ଦୁଇ ଛୁଆର ପେଟକୁ ଦଳିଦେଇ
ଅହରହ ଦି'ଦିନ କାଳ ବୋହିଲା

ଭୋକର ଶବମାନ
ଦରପୋଡା ମକା ରୂପରେ
ଭାସୁଥିବାର ଦେଖି ଲୋକେ
ଫଟୋ ଉଠାଉଥିଲେ, ଚର୍ଚ୍ଚା କରୁଥିଲେ

ଆରଦିନ ସକାଳେ
ସେଇ ଲୋକେ ହସିହସି କହୁଥିଲେ

ଖବର କାଗଜ ଓ ଟିଭି ପରଦାରେ
କୁଆଡେ ମୋର ଫଟୋ ବି ଆସିଥିଲା ।

■

ଧାନ ମଣ୍ଡି

ସବୁ ସରିଯାଇଛି

ଗାଁ, ଗାଁ ବୁଲି କାମ ପାଇଁ
ଲୋକ ଯୋଗାଡ଼ିଛି

ମଜୁରି ବାଦ୍ ମଦପିଆ ଦେବାରୁ
ବିଲରୁ ସବୁ ଧାନ ଖଳାକୁ ଆସିଛି

ସାରାରାତି ଉଜାଗର ରହି
ବେଙ୍ଗଳା ପକେଇଛି
ପାଳ, ଧାନ ଅଲଗା କରି
ବସ୍ତାବସ୍ତା କରି ଥୋଇଛି ତ'
ପୁଣି ଏକ ସମସ୍ୟା ଆସି
ଦିନବେଳର ନିଦରେ
ଗୋଇଠା ମାରୁଛି

ଏବେ ପଞ୍ଚାୟତ ନିର୍ବାଚନ
ସାରାମୁଲକ ଗରମ,
ଜୁଳୁଜୁଳିଆ ପୋକର ପିଠିରେ ବସି
ରାତି ଏକ ପ୍ରକାର ଦୌଡ଼ୁଛି,

ମୁଁ ଯେବେ ଟ୍ରାକଟରର ଭଡାକରି
ମଣ୍ଡିକୁ ଧାନ ବିକିଯାଉଛି ତ'
ଧାନକିଣାର ନିଷ୍ପତ୍ତି
ଆକାଶରେ ବେଲୁନ ହୋଇ ଭାସୁଛି

ଆକାଶରୁ ଜମା ଭୂଇଁକୁ ଖସିବାର ନାଇଁ

କେମିତି ବା ଖସନ୍ତା ?

ଏମ୍.ଏଲ୍.ଏ, ମନ୍ତ୍ରୀ, ଶାସକ, ବିରୋଧୀ
ସମସ୍ତେ ବେଲୁନ ଉଡ଼େଇବାରେ ଲାଗିଛନ୍ତି

ଆଉ ମିଲ ମାଲିକ
ଏ ମାନଙ୍କ କାନ୍ଧରେ ବସି
ତରାଜୁ ଧରି ହସୁଛି

ଏଣେ ମୁଁ ଯାହା ଖାଲି ଶୀତରେ
ନଖାଇ, ନପିଇ
ମୋର ଧାନକୁ ଜଗି ମଣ୍ଡିରେ ବସିଛି

ଆଜ୍ଞାମାନେ, ମାଲିକମାନେ !
ଟିକିଏ କହିଦିଅ ହୋ !

ଆପଣ ଯାହା କହିବେ
ଆପଣଙ୍କ ନିଷ୍ପତ୍ତି ହିଁ ମୋର ଭବିଷ୍ୟତ

କିଛି ଗୋଟାଏ ପଦ ତ' କହିଦିଅ
ଏବେ ଥଣ୍ଡା, କାଶ, ଜରରେ
ଦେହ ପାଚିଗଲାଣି ଯେ
ବର୍ଷକର ମେହନତକୁ ଘୁଣ ଧରିଲାଣି ।

ଶତ୍ରୁ

ଶତ୍ରୁ ପାଖେପାଖେ ଥାଏ
ଥାଏ ଆଗରେ ପଛରେ
ଥାଏ ଉପରେ ତଳରେ
ବାଁ ଡାହାଣରେ

ମିତ୍ର କିନ୍ତୁ ଥାଏ ଦୂରେ
ବହୁଦୂରେ

ଶତ୍ରୁର ଡେଣା କୋମଳ,
ଶିକାରକୁ ଧରୁଥାଏ
ଛୋଟ ପିଲାଟି କଂକିର ଲାଂଗୁଡକୁ
ଚୁପିଚୁପି ଧରିବା ପରି,

ଆଖି ତୀକ୍ଷ୍ଣ
ଦେଖୁଥାଏ ବାଘଟି
ହରିଣକୁ ଦେଖିବା ପରି

ହୃଦୟ କର୍କଶ
ଭଲପାଉଥାଏ
ହାଣପୂର୍ବରୁ କଂସେଇଟି

ଛେଳିକୁ ତାଳପତ୍ର ଖୁଆଇ
ଭଲପାଇବା ପରି
ପାଦ ମୁଲାଏମ ଯେ
ଚାଲୁଥାଏ ମାଂସଳ ପଞ୍ଝା ନେଇ
ବିଲେଇଟି ମୂଷା ପାଖକୁ ଯିବା ପରି

ପାଟି ତା'ର
ସବୁବେଳେ ମହୁ ସରସର
ଗୋଟିଏ ଚୁମାରେ
ବେହୋସ ହୋଇଯାଏ ଶିକାର,

ଶତ୍ରୁ ସବୁବେଳେ ସୁଂଦର
ମନର ଲୋଭ ପରି ସବୁବେଳେ ଆତ୍ମୀୟ
ନିଜ ଭିତରର ଅହଂକାର ପରି

ଶତ୍ରୁକୁ ଚିହ୍ନିବା ମୁସ୍କିଲ
କାରଣ ଶତ୍ରୁ ଦେଖାଯାଉଥାଏ ନିଜର ପରି ।

■

ଆମ ଘର

୧୯୯୪ କି ୯୫ର କଥା ।

ସେତେବେଳେ
ଧାନକଟା ବିଲର ଶୀତୁଆ ନଡେଇରେ
କାକର ଶୁଖିଶୁଖି ଆସୁଥାଏ

ସୂର୍ଯ୍ୟୋଦୟକୁ ପଛ କରି
ବାପା ପୁହାଉଥିଲେ ମଧୁର ଖରା
ଆମେ ସମସ୍ତେ ଥାଉ ତାଙ୍କ ପାଖରେ

କହିଲେ, 'ଘରଟିଏ ଗଢିବା
ପୁରୁଣା ଘର ଉଜୁଡି ଗଲାଣି
ସମୁଦି-ସିଆନ, ପୁଅଝିଅ, ନାତିନାତେନ
ବଢିଗଲେଣି

ତମେମାନେ ପୁଣି ପାଞ୍ଚ ଲୋକରେ
ଲୋକ ବୋଲେଇଲଣି

ଗଢିଲୁ ଏକ ଘର ବରଗଛ ସମାନ
ଡାହି, ଡାଳ, ଓହଳ ନେଇ ବଢି ଚଲିଲା

ପୁଅ ବୋହୂ, ନାତିନାତେନ
ପରିବାରର ସବୁ ସଦସ୍ୟଙ୍କୁ ଦେଲା
ଆଶ୍ରୟ, ଆଦର ।

ଏବେ ୨୦୧୬-୧୭

ବାପା, ମା'
ଯିଏ ଅଳି କରିଥିଲେ ଘର ପାଇଁ
ସେମାନେ ଆରପାରିରେ ରହିଲେଣି

ଆମଘର
ଏବେ ପୁରୁଣା ହେଲାଣି

ଆମେ ଭାଇଭାଇ
ଏବେ ସେଇ ବରଗଛର
ଭିନ୍ନ ଭିନ୍ନ ଓହଳ ଓ ଡାହି,

ମାଟି ଖୋଜୁଛୁ
ଅଲଗା ଅଲଗା ହୋଇ
ନିଜନିଜ ଚେର ଲଗେଇବା ପାଇଁ

ଏଣେ ଐତିହ୍ୟର ଗଣ୍ଠି ଯେ
ଫମ୍ପା, ଶୁଖିଲା କାଠହେବାକୁ ବସିଲାଣି

କେଜାଣି ବାପାଙ୍କ ସ୍ୱପ୍ନର
'ଘର' ନାମକ ମୂଳଗଣ୍ଠି ଭିତରେ
ଜୀବନ ଅଛି ନା ନାଇଁ ।

■

ଭିତରକନିକାର ମଗର

ଭୁଟୁଭୁଟୁ କରି ଯନ୍ତ୍ରଚାଳିତ ଡଙ୍ଗା
ପାଣିର ପିଠିରେ ପହଁରିଯାଉଛି ତ'
ନଈ ପାଣିର ଉପର ପରସ୍ତ
ଶୀତେଇ ଉଠୁଛି ।

ଲାଗୁଛି ଡଙ୍ଗାର ସ୍ପର୍ଶ ପାଇ
ଧୀର ତରଙ୍ଗରେ ନଈପାଣି
ସରମି ଯାଉଛି ।

ପାଣି ତ' ପାଣି
ହେଇଥାଉ ବ୍ରାହ୍ମଣୀର ଅବା ବୈତରଣୀ
ଆମର ବା'
କି ହିସାବ କରିବାର ଅଛି ?

ଆମେ ମଗର, ବଗ, ହରିଣ ଦେଖିବା ଲୋକ
ପାଣି ପରଖାରୁ କ'ଣ ମିଳିଛି ?

ଭିତରକନିକାର କଥା ଯେ
ସାରା ବିଶ୍ୱରେ ଚର୍ଚ୍ଚା ହେଉଛି !

ନଈ କୂଳରେ ଚରୁଥାଏ ଏକ ଗାଈ
ଗାଈ ପାଖରେ ନୀରବ ନିଶ୍ଚଳ ବଗ
କାଳେ କେତେବେଳେ ଝିଣ୍ଟିକାଟିଏ ଉଡିବ
ଓ ସିଏ ଖପ୍‌କିନା ଧରିନେବ
ଏଇ ଆଶାରେ ଥଣ୍ଟ ପଜେଇଛି

ଆମେ ହୋଚ୍ଚ ହୋ... ହେଲୁ, ପାଟିକଲୁ
କେମେରା ଦେଖେଇଲୁ
ଏପରିକି 'ବଗ ବଗ' ବୋଲି ଡାକପାରିଲୁ

ପଚାରିଲୁ, ଆରେ ହେ !
ଯେଉଁ ପିଲାଟି ବନଶୀ କଣ୍ଟା ଧରି
ନଈକୁ ମାଛଧରି ଆସିଥିଲା
ତାକୁ ମଗର ଖାଇଦେଲା ଯେ,

କହିପାରିବୁ ?

ତା' ନା' ବିପିଏଲ୍ ଲିଷ୍ଟରେ ଥିଲା ନା ନାଇଁ
ପ୍ରାକୃତିକ ଜନ୍ତୁ ଦ୍ୱାରା ଶିକାର ହେଲେ
କ୍ଷତିପୂରଣ ବ୍ୟବସ୍ଥା
ସରକାର ପାଖରେ ଅଛି ନା ନାଇଁ ?

ଯୋଜନ ଯୋଜନ ଉଡି ବୁଲୁଥିବା ବଗ
କିଛି ଶୁଣିଲାନି !
ନିର୍ବିକାର, ଏକାଗ୍ର,
କାଳେ ଯେମିତି ଝିଣ୍ଟିକା ଖସିଯିବ
ସିଏ ଉପାସରେ ରହିବ

ଭୋକ ସମସ୍ତଙ୍କୁ ଘାରିଛି
ଗାଈ, ବଗ, ଓ ମଗର
ଏପରିକି ମଗର ପାଟିକୁ ଯାଇଥିବା ପିଲାକୁ

ଭୋକ ଅଛି ବୋଲି ହିଁ ଡଙ୍ଗା ଚାଳକ
ଝାଳ ଗମଗମ ଖରାରେ ବି ଦିଶା ଦେଖାଉଛି
ଚୁଲୀ ଜଳିବାର ସ୍ୱପ୍ନକୁ ବଞ୍ଚେଇଛି

ହନ୍ତାଳ ବଣର ଘଞ୍ଚ ନୀରବତାରେ
ସାରାମୂଳକ ନଶୂନଶାନ୍
କେବଳ ଯନ୍ତ୍ରଚାଳିତ ଡଙ୍ଗାର
ଭୁଟ୍‌ଭୁଟ୍ ଶବ୍ଦ
ଚିରିପକାଉଛି ଆକାଶକୁ

ଭେଦିଯାଉଛି ଦିଗବଳୟ
ସର୍ବୋପରି ଆମ ଛାତିର ଅଳିନ୍ଦ ନିଳୟ

ସନ୍ତସନ୍ତିଆ ନଈକୂଳରେ
ଯେଉଁ ମଗରଟି
ସମ୍ପୂର୍ଣ୍ଣ ପାଟି ମେଲେଇ ଶୋଇଛି
ଡଙ୍ଗାର ଶବ୍ଦ ଓ ନଈର ଗୋଳିଆ ପାଣିକୁ
ଠିକଠିକ ଚିହ୍ନିଛି

ଅନ୍ୟ ଜଣେ ଭୋକିଲା ପିଲାକୁ
ସତେ ଯେମିତି ଅପେକ୍ଷା କରିଛି

ଭିତରକନିକାର ମଗରକୁ
କିଏ ବା ବିଶ୍ୱସ୍ତ ଭାବିଛି ?

■

କିଏ ନିଜର

ମୁଁ ପ୍ରତିଦିନ ଭେଟେ
ଭିନ୍ନ ଭିନ୍ନ ଦି' ଜଣଙ୍କୁ

ଜଣେ ଶତ୍ରୁ
ଜଣେ ମିତ୍ର

ବିପଦ ବେଳେ ଇଁ
କେବଳ ମନେପଡେ ମିତ୍ର
ହେଲେ
ଶତ୍ରୁ ମନେପଡ଼େ
ଅହରହ, ବାରମ୍ବାର

ଜାଣି ପାରୁନି
କିଏ ସତେ ମୋର ଖୁବ ନିଜର ।

■

ରହସ୍ୟବାଦ

ବିଲରେ ଭୁକୁଥିବା ବିଲୁଆ
ବାଡିରେ ବୋବୋଉଥିବା କାଉ

ଏ ଦୁହିଁଙ୍କୁ ଯେଉଁଦିନ
'ଚତୁର' କହିଲା
ସେଇଦିନ ହିଁ
ମଣିଷର ନିର୍ବୋଧତା ପ୍ରାପ୍ତି ହେଲା

ଏଠାରେ ଶେଷ ନିଷ୍ପତ୍ତି ଶୁଣେଇବା
ଠିକ ହେବନାହିଁ ଯେ
ସାଧୁ, ସନ୍ୟାସୀଙ୍କୁ
ବିଲୁଆ କହିବା ନା କାଉ !

ସୁର, ସାରଥୀଠାରୁ ରାମ-ରହିମ
ଆଶାରାମଠାରୁ ରାଧେ ମା'
ଜଣେ ଜଣେ ସନ୍ନ୍ୟାସୀ
ଲୋକପ୍ରିୟ ଆଦର୍ଶ ନାରୀ ଓ ପୁରୁଷ

ଏମାନଙ୍କୁ କେହି ଯଦି ବିଶ୍ୱାସ କରେ
ତେବେ ଅଚିରେ ଟଳିପଡିବ ତା'ର
ଶେଷ ନିଃଶ୍ୱାସ

ଉପରୋକ୍ତ ସାଧୁ ସନ୍ନ୍ୟାସୀଙ୍କୁ
ଆଦର୍ଶ କରି
ତାଙ୍କ ଆଶୀର୍ବାଦ ନେଉଥିବା
ଦେଶର ନେତୃବର୍ଗଙ୍କୁ
ବିଲୁଆ କିମ୍ବା କାଉ ବୋଲି ସମ୍ବୋଧନ କରିବା ହିଁ
ବାସ୍ତବରେ ମୋ ପାଇଁ ଅପରାଧ ହେବ

ଏଣେ ବର୍ତମାନ ସମୟରେ ସନ୍ନ୍ୟାସୀ
ଏକ ନାମବାଚକ ଶବ୍ଦ କହି
ଯଦି ଘୋଷଣା କରାଯାଏ
ତେବେ ସରକାର ଭୁଶୁଡି ପଡିବ,
ତା'ଙ୍କ ଅଭିଶାପରେ
ଦେଖୁଦେଖୁ ଦେଶରେ ହାହାକାର
ଅନାହାର, ମରୁଡି, ଦୂରାରୋଗ୍ୟ
ପୁଷ୍ଟିହୀନତା ଲାଗି ରହିବ ।

ସର୍ବୋପରି
ଭାରତ ପରି ଏକ ଗଣତାନ୍ତ୍ରିକ
ଧର୍ମନିରପେକ୍ଷ ରାଷ୍ଟ୍ରରେ
ଧାର୍ମିକବିଚାର କ୍ଷୁଣ୍ଣ ହେବ
ବରଂ ଉତ୍ତମ ହେବ ଯେ

କିଛି କହିବାନି

ଆସ ! ମିଳିମିଶି
ସାଧୁ ସନ୍ନ୍ୟାସୀଙ୍କ ଗୀତର
ପାଳିଆ ଧରିବା ଅନର୍ଗଳ ଭକ୍ତିରେ

ଏମିତି ତ' ମନପ୍ରାଣ ଦେଇଛୁ
ସାମାନ୍ୟ ରକ୍ତମାଂସର ଦେହ ଦେବାକୁ
ଡରିବା କିଆଁ ?
ଇଜ୍ଜତକୁ ଘୋଡିରଖି
ଏଯାବତ କିଏ ବା ପାଇଛି କ'ଣ ?

ଯୁଗେଯୁଗେ ନଜିର ଅଛି
ସମ୍ପୂର୍ଣ୍ଣ ସମର୍ପଣ ନ ରହିଥିଲେ
ଦ୍ରୌପଦୀକୁ ମିଳି ନଥା'ନ୍ତା
କୋଟି ବସ୍ତ୍ରଦାନ

ମୂର୍ଖ ବାସୁଦେବ !
ଭୁମିଷ୍ଠ ହେଇ ମଠର ବିଲୁଆ
ମନ୍ଦିରର କାଉକୁ ପ୍ରଣାମ କର
ବିଳମ୍ବ କରନା
ବୁଝିବୁ ଯଦି ଏଇ ଅବୁଝା ରହସ୍ୟବାଦରେ ହିଁ
ପୂରିରହିଛି
ଆମ ଭାରତୀୟ ସଂସ୍କୃତିର
ଫରଫର ଉଡୁଥିବା ପତିତପାବନ ବାନା ।

■

ବିକାଶର କଥା

ଆଜିର ଖବର କାଗଜରେ ବାହାରିଥିବା
ବିକାଶର ସୁନ୍ଦର ସୁନ୍ଦର କଥା
ଲୋକଙ୍କ ମୁହଁରୁ ଶୁଣିଲି

ଜାଣିଲି, ବୁଝିଲି
ବିକାଶ ଏକ ମହୁଫେଣା ଲଟକିଛି
ବିରାଟ ଏକ ଏଗାର ତାଲା କୋଠାର
ପଛପଟ ଶୀର୍ଷ ଛାତରେ

ଝାଡି ପାରିବିନି ତ'
ଖାଇ ବି ପାରିବିନି

ମୋତେ ବା କିଏ ଦେଇଛି ସେ ଅଧିକାର ?

କେବଳ ଅନେଇ କି ରହିବି

ମହୁ ଝାଡିବାର କୌଶଳ
ସେଇମାନଙ୍କୁ ଜଣାଅଛି
ଯେଉଁମାନେ କୋଠାରେ ରହୁଛନ୍ତି

ତେଣୁକରି ତ
ତାଳିମାରି ହସୁଛନ୍ତି,
ଡିଜେ ଲଗେଇ ନାଚୁଛନ୍ତି

ଧେତ !

ବିକାଶର ସେଇ ସୁନ୍ଦର ସୁନ୍ଦର କଥା
ମୋ କାନକୁ ଯାଉନି
ମୋର ଡଷ୍ଟବିନ ଭଲ ତ' ମୁଁ ଭଲ
ଏଣିକି ସେଇ ଗପଗୁଡାକ
ଆଉ ମୁଁ ଶୁଣିପାରିବିନି

ମୁଁ ଯେ ଏଗାରତାଲାର ତଳେ ଡଷ୍ଟବିନରେ
ଗଦା ହୋଇଥିବା ଗତ ରାତିର ମଇଳାକୁ
ସଫା କରୁଥିବା ମୁନିସପାଲିଟିର
ଠିକା କର୍ମଚାରୀ

ପରଘର ଛାତତଳେ ମହୁ ଲଟକିଲେ
ମୋର କି ଛୁଆପିଲା ହେବେ
ଭାଗୀଦାରି ?

■

ସୀମାରେଖା

ସେଦିନ
ଆମେ ଭାଗଭାଗ କଲୁ ମାଟିକୁ

ମାଟି ଉପରେ ଟାଣିଲୁ ଏକ ଗାର
କହିଲୁ ସୀମାରେଖା
ମଜବୁତ ସୀମାରେଖା ପାଇଁ
ପୋତିଲୁ ଲୁହାର ଖୁଣ୍ଟ
ପରସ୍ତ ପରେ ପରସ୍ତ ଟାଣିଲୁ ଅଛିଣ୍ଡା ତାର
ତାରରେ ତାରବାଡ

ସୀମାରେଖା ଜଗିବା ପାଇଁ
ଆଣିଲୁ ଦଳେ ମଣିଷ
ସୁନ୍ଦର, ଶକ୍ତ, ସୁଠାମ
ଡେଙ୍ଗାଡେଙ୍ଗା ତରୁଣ, ଧୈର୍ଯ୍ୟବାନ୍
ନାମକରଣ କଲୁ
ଆରପଟର ମଣିଷକୁ ଶତ୍ରୁ-ସୈନ୍ୟ
ଏପଟର ମଣିଷକୁ କଲୁ ଯବାନ

ଦୁଇ ଦଳର ମଣିଷ
ଉଭୟ ଶତ୍ରୁ-ସୈନ୍ୟ ଓ ଯବାନକୁ
ସଅଁପି ଦେଲୁ ସୀମାରେଖା

ଦେଶ ମାଟିର ଜଗାରଖା

ବନ୍ଧୁକ ଦେଲୁ, ବୋମା ଦେଲୁ
ଦେଲୁ ଟେଙ୍କର, ଜାହାଜ ଓ
ଦୁନିଆର ସବୁଯାକ ମରଣାସ୍ତ୍ର
କହିଲୁ ମାର ଓ ମର

ଗୁଳି ଫୁଟିଲା, ବୋମା ଫାଟିଲା
ସୀମାରେଖା ଟଳମଳ ହେଲା
ଯୁଦ୍ଧରେ ଯବାନ ଓ ଶତ୍ରୁ-ସୈନ୍ୟ ଉଭୟେ ଟଳିପଡିଲେ

ସରକାର ପ୍ରାୟୋଜିତ ମୃତ୍ୟୁକୁ ନେଇ
ଦେଶ ହସି ଉଠିଲା, ଗର୍ବ କଲା

ଅଗ୍ନିବର୍ଷି ଭାଷଣରେ
ଲାହୋର ଏବଂ ଲାଲକିଲାରେ
ଦେଶର ନେତା କହିଲା
'ଆମର ଯବାନ ମହାନ୍
ଦେଶର ମାଟି ସୁରକ୍ଷିତ ଅଛି'
ରାଷ୍ଟ୍ର ମର୍ଯ୍ୟାଦା ସହ ବି
ଯବାନକୁ 'ଶହୀଦ' ଘୋଷଣା କରାଗଲା

ଏପଟେ ଚୁଡି ଭାଙ୍ଗିଥିବା ପତ୍ନୀ ,
ବୁକୁ ଫଟେଇଥିବା ମାଁ'
ମୁଖାଗ୍ନିର ସାହାରା ହରେଇଥିବା ବାପା
ଏ ସମସ୍ତଙ୍କ କାନ୍ଦଣା
ଦେଶର କୋଳାହଳରେ
କିଛି ଶୁଭୁ ନଥିଲା,

ଅଜବ କଥା ଯେ
ସୀମାରେଖା ଟାଣି,
ଭିନ୍ନଭିନ୍ନ ପତାକା ଉଡେଇ,
ମାଟି, ଦେଶ ସିନା ଭାଗଭାଗ କଲୁ

ହେଲେ କରି ପାରିଲୁନି
ଶତ୍ରୁ-ସୈନ୍ୟ ଓ ଯବାନର ମାଁକୁ
କାରଣ ଉଭୟଙ୍କ ମା'ର କାଂଦଣା
ଏକା ପ୍ରକାର ଥିଲା
ଦୁଇଟି ବୁକୁର ଗୋଟିଏ ଭାଷା ଥିଲା ।

ହୋ ! କାମୁକ ପ୍ରବର

ତୁମେ ଯେଉଁଠିକି ବି ଯାଅ
ଭେଟିବ ଦାରୀକୁ

ଅବଶ୍ୟ, ଏତେ ସହଜ ନୁହେଁ
ଦାରୀକୁ ଚିହ୍ନିବା

କାରଣ, ଆଜିକାଲି ସିଏ
ସୁନ୍ଥାରେ ସିନ୍ଦୂର, ଆଖିରେ କଜଳ,
ପାଦରେ ଅଳତା ଲଗଉନି,
ଖାଲି ଯାହା ବୁଲୁଛି ଓଠଧାରେ
ପରିହାସର ହସ ଲେପି

ଆଡ଼ ନୟନରେ ବି ଚାହୁଁନି
କି, ଅଗ୍ରୱାଲ ଦୋକାନର ସଟର
ରାତି ଅଧରେ ବନ୍ଦ ହେଲାବେଳେ
ଅନ୍ଧାର ଦେଖି, ଲୁଚିଲୁଚି ସିଏ ଘରୁ ବାହାରୁନି

ଖୋଲା ବୁଲୁଛି
ପକ୍ଷୀ ପରି, ପ୍ରଜାପତି ପରି
ଝିଅ ପରି, ନାତୁଣୀ ପରି

ଗଳିରେ, ସହରରେ, ମାର୍କେଟରେ
ଏପରିକି ତମେ ମର୍ନିଂୱାକ୍ କରୁଥିବା ପାର୍କରେ

ତମେ ତାକୁ ଚିହ୍ନିପାରିଲେ ହେଲା !

ସକାଳ ଜହ୍ନିଫୁଲ ପରି
ଦାରୀ ଭିତରେ ସେଇ ଗୋଟିଏ କଥା
ସତେଜ ଅଛି ଯେ
କେତେବେଳେ ତା' ପ୍ରେମିଳ ଓଠରେ
ଲେପିଥାଏ ବିଷ ତ'
କେତେବେଳେ ତା'
କ୍ରୋଧିତ ଆଲିଙ୍ଗନରେ ମହକୁଥାଏ
ଶୃଙ୍ଗାର ପୀୟୂଷ

ହାଟରେ କଷି ଭେଣ୍ଡି ବାଛିବା ପରି
ତମେ ଖାଲି ପରଖି ପାରିଲେ ହେଲା

ହୋ ! କାମୁକ ପ୍ରବର
ଦାରୀକୁ ଚିହ୍ନିବା ନୁହେଁ ସହଜ ବେପାର
କାରଣ କାମୁକ ପୁରୁଷର
ମାଁ, ଭଉଣୀର ଯୋନୀ, ସ୍ତନଠାରୁ
କିଛି ବି ଅଲଗା ନୁହେଁ ଦାରୀର
ପବିତ୍ର ଯୋନୀ ଆଉ
ସ୍ତନର ଆକାର ।

■

କିଛି ସମୟ ନୀରବି ଯିବା

ରାସ୍ତାରେ ଖୁବ ହେଇଗଲା
ହରତାଲ, ପ୍ରତିବାଦ, ଧାରଣା
ଟିଭି ପରଦାରେ
ଚର୍ଚ୍ଚା, ବିତର୍କ, ଆଲୋଚନା
ଖବର କାଗଜରେ
ପ୍ରବନ୍ଧ ଲିଖନ ଓ ବିଶ୍ଲେଷଣ

ଏପରିକି ପାନ ଦୋକାନ
ପାର୍କ, ଖଟି, ଅଫିସ ଅଗଣା
ଏବଂ ଆସେମ୍ବ୍ଲି, ପାର୍ଲାମେଣ୍ଟଠାରୁ ପୁଲିସ ଥାନା
ସବୁଠି କେବଳ ଘୋ,ଘୋ କାଂଦଣା

ଏଠି ଏତେ ଗର୍ଜନ,
କୋଳାହଳ, ଖୋଳତାଡ, ଅନୁସଂଧାନ
ଏତେ ପରୀକ୍ଷାନିରୀକ୍ଷା ଓ ତଦନ୍ତ ସତ୍ତ୍ୱେ
ଆମେ ଚିହ୍ନି ପାରିଲୁନି,
ପରଖି ପାରିଲୁନି, ଧରି ପାରିଲୁନି ଧର୍ଷଣକାରୀ
ତା'ର ନା, ଗାଁ, ଠିକଣା

ଏଣେ ନିରୀହ ଝିଅଟି
ବୁକୁ ଫଟେଇ କାଂଦୁଛି ଯେ
ଆମେ କହିଲୁ ଛଳନା, ମିଛ କାଂଦଣା
କାରଣ ଧର୍ଷଣଫର୍ଷଣ କିଛିନୁହେଁ ବୋଲି କହିଛି
ଡାକ୍ତରୀ ମାଇନା

ଅତଏବ ଆସ !
ଏସବୁ ବୃଥା ପ୍ରଳାପରୁ ଆମେ
ଏଣିକି କ୍ଷାନ୍ତ ହେବା

ପୀଡିତା ଆତ୍ମହତ୍ୟା କରିଛି ସତ ହେଲେ ମରିନି !
ଦୁଆର ଖଟ୍‌ଖଟାଉଛି

କେବଳ କୁଂଦୁଲିରେ ନୁହେଁ
ସାରା ଓଡ଼ିଶାର ଘରକୁ,
ଦଳିତଠୁ ବ୍ରାହ୍ମଣ, କ୍ଷତ୍ରୀୟ ସମେତ
ଗରିବ, ଧନୀ କୋଟିପତିଙ୍କ
ଦୁଆର ମୁହଁରେ ବସି ହୁତକି ହୁତକି କାଂଦୁଛି

ହାତଠାରି କହୁଛି 'ଏଇ ସେଇ ଲୋକ
ଯିଏ ଧର୍ଷଣ କଲାବେଳେ
ମୋ କଁଅଳା ଦେହର ରକ୍ତଛିଟା ଲାଗିଥିବା
ମାଟିଆ ସାର୍ଟକୁ ସଫାକରି
ପୁଣି ଥରେ ପିନ୍ଧିଛି ।

ତମ ସହ ଗପସପ ହେଉଛି
ଆଲୋଚନାରେ ଭାଗ ନେଉଛି, ହସୁଛି, ହସାଉଛି

ମୁଁ ତା'କୁ ଠିକ ଚିହ୍ନିଛି
ତମରି ଝିଅମାନଙ୍କ ବୟସକୁ ଚୁପି ଚୁପି ପରଖୁଛି

ତାକୁ ଦେଖ, ଚିହ୍ନି ନିଅ
ସିଏ ଆଉ କୋଉଠି ନାଇଁ
କେବଳ ତମରି ଭିତରେ ହିଁ ଅଛି ।'

ଖୁବ ହେଇଗଲା
ଏଣିକି ଆଉ ଛଦ୍ମ ହୁଂକାର ନୁହେଁ
ଝିଅଟିର ହୃଦୟର କଥା ବୁଝିବା
ସେଇ ଛଦ୍ମ ମଣିଷକୁ ଚିହ୍ନିବା
ଆସ, କିଛି ସମୟ ନୀରବି ଯିବା ।

■

ଚଟିଆ ପକ୍ଷୀ ଓ ସଜନା ଗଛ

ସେ ଚଟିଆ ପକ୍ଷୀ
କେମିତି ଥିବ କେଜାଣି !
ବଞ୍ଚିଥିବ ନା ମରିଯାଇଥିବଣି ?

ମୁଁ ଯେବେ ବି ମୁନୁଗା ଶାଗ ଖାଏ
ମୁନୁଗା ଗଛ କଥା ହୁଏ
ମୋର ପରଳପକା ଆଖି ସାମ୍ନାରେ
ଫୁରକିନା ଉଡ଼ିଯାଏ ସେ ପକ୍ଷୀ

ହୃତପିଣ୍ଡର ଟିପରେ ବସି
ସତେ ଯେମିତି ଚିୟାଙ୍ଗ ଚିୟାଙ୍ଗ କରେ

ମୋତେ ତା' ଛୋଟିଆ ଡେଣାରେ ବାନ୍ଧି
ଉଡେଇ ନେଇଯାଏ
ସେଇ ବିଶାଳ ମୁନୁଗା ଗଛ ତଳକୁ

ଯେଉଁଠି ଆମେ ଫି' ଦିନ ସଞ୍ଜରେ ବସୁଥିଲୁ

ମୁଁ ବୁଢେଇଗଲିଣି
ହେଲେ କେଉଁଠି ବି

ଏତେ ବଡ ମୁନୁଗା ଗଛଟିଏ
ଏ ଯାଏ ମୋର ନଜରକୁ ଆସିନି

ଏକ ଭୋକିଲା ବୁଢାର
ଅସହାୟ ଭାବେ ବାହାରି ପଡିଥିବା
ସ୍ପଷ୍ଟ ପଞ୍ଜରା ପରି
ବଡବଡ ଚେରମାନ ବାହାରି ପଡିଥିବ

ଆମେମାନେ ପିଲାବେଳେ
ବସୁ, ଖେଳଖେଳୁ ସେଇ ମୁନୁଗା ଗଛର
ଚେର ଉପରେ

ଆମ ମୁଣ୍ଡ ଉପରେ ଉଡୁଥାନ୍ତି
ଚିୟାଙ୍ଗ ଚିୟାଙ୍ଗ ଶବ୍ଦରେ
ଉଛୁଳେଇ ଦିଅନ୍ତି ଗାଁ ଖୋଲି
ଆମର କାହାରିବି ନଜର ନଥାଏ
ଚଟିଆର ଉଡାଉଡିରେ

ବହୁବର୍ଷ ପୂର୍ବରୁ
ସଜନା ଗଛ ଉପୁଡି ପଡିଲାଣି ଝଡରେ

ସାନ କାକା ଘରକଲା
ସଜନା ଗଛର ଚେରଥିବା ମାଟିରେ

ବାର୍ଦ୍ଧକ୍ୟ ହେତୁ ସାନ କାକାକାକୀ ବି ମରିଗଲେଣି
ଇତି ମଧ୍ୟରେ ବହୁବର୍ଷ ପୂର୍ବରୁ

ମୁଁ ଯେବେବି ଯାଏ ଗାଁକୁ
ଘର ବଦଳରେ

ସେଇ ଜାଗାରେ ମୋତେ ଦେଖାଯାଏ
ଏକ ବୁଢା ସଜନା ଗଛ
ସଜନା ଗଛର ବାହାରି ପଡିଥିବା ଚେର
ଓ ସଞ୍ଜବେଳେ ଉଡି ବୁଲୁଥିବା ଚଟିଆ ପକ୍ଷୀ ଦଳ

ଯେଉଁ ଚଟିଆକୁ
ମୁଁ ନିଘା କରୁନଥିଲି ପିଲାବେଳେ
ଏବେ ସବୁବେଳେ ପରତେ ହୁଏ

ଯେ ହୁଏତ ସେଇ ଚଟିଆ
ଯିଏ ଉଡି ବୁଲୁଥିଲା
ଚିୟାଙ୍ଗ ଚିୟାଙ୍ଗ କରୁଥିଲା
ଆମ ସଜନା ଗଛର ଡାଳରେ

ଏତେ ପଢାଲେଖା ସତ୍ତ୍ୱେ
ଚଟିଆର ଭାଷା ବୁଝିପାରେନି ବୋଲି
ପଚାରି ବି ହୁଏନି ଚଟିଆ ବଞ୍ଚିଛି ନା ନାଇଁ

ଅନୁମାନ ବି ତ' କରିହୁଏନି
ଏବେ ସିଏ କେଉଁଠି ଥିବ କେଜାଣି ।

■

ହେଇ ଦେଖ ! ଆତ୍ମହତ୍ୟା କଲି

ବାପା, ମଉସା ଭାଇ, ଭଉଣୀ,
ଶାସକ, ବିରୋଧୀ
ଯେତେଯେତେ ସମସ୍ତ ସଂଗ୍ରାମୀ
ସମସ୍ତଙ୍କୁ ଗୁହାରି

ଏ ସାମାନ୍ୟ କଥାକୁ ନେଇ ରାଜନୀତି କରନି
ଦକ୍ଷିଣରେ ତ'
ପ୍ରଥମ ଶ୍ରେଣୀର ଫୁଟିବାକୁ ଥିବା
ଓଡିଆ ଝିଅକୁ କଢକୁ ଛିଣ୍ଡେଇ ଦିଆଯାଇଛି
ମୁଁ ତ' କଷି ଜାମୁକୋଳି,

ବୁଝିବ ଯଦି କିଛି ନୂଆ ନାଇଁ
ଆମ ଜଗନ୍ନାଥ ଦେଶର ମହାନ ପରମ୍ପରାରେ
ଛବିରାଣୀ, ବେବିନା, ଇତିଶ୍ରୀ ସ୍ନେହଲତାମାନେ
ଏମିତି ହଜାର ହଜାର ଅଛନ୍ତି

କାହାକୁ ନେଇ କଥା କହିବି ?
କେତେ ବା ଉଦାହରଣ ଦେବି ?
ଦେହଥିଲା

ତାଂକର ବି ଦେହ ଦରକାର ଥିଲା,
ପଡୁପଡୁ ମୁଁ ହାବୁଡ଼ରେ ପଡ଼ିଗଲି !

ତୁମେ କହାଁକି ଭାବୁଛ ଯେ
ଏଇଟା ତାଂକର ପ୍ରଥମ ବୋଲି ?

ଯାହାହେଲା ହେଇଗଲା,
ଏଣିକି ରାଜନୀତି କରନା,
ଏତେବଡ ଦେଶର ପୋଲିସ, ସୁରକ୍ଷାକର୍ମୀ,
ମଣିଷ, ନକ୍ସଲ, ସଂତ୍ରାସ
ଏପରିକି, ଜଂଗଲ, କୀଟପତଙ୍ଗ
ସଭିଙ୍କୁ ବରାଭୟ ଦେଇ ରଖିଛନ୍ତି

ଅହରହ, ଅହୋରାତ୍ର ସଜାଗ ହୋଇ ଅଛନ୍ତି
ତାଂକ ଦେହରେ, ପୋଷାକରେ
କିଛି ବୋଲି କିଛି କଳଂକର ଛିଟା ଲଗାଅନା

ଦେଶର ଦେଶଭକ୍ତମାନଙ୍କର ପୁଣି ତ
ଗୋଟାଏ ମର୍ଯ୍ୟାଦା ଅଛି !

ଯାହାହେଲା ହେଇଗଲା
ମୁଁ ସଂକଳ୍ପ କରୁଛି,
କେବେ କେମିତି ଭୁଲବଶତଃ
କହିଦେଇଥିଲି ବୋଲି ଏତେ ନାଟ ହେଲା,
ଏଣିକି ପାଟି ଫିଟେଇବିନି

ମୋ ରାଣ !
ସୁରକ୍ଷାକର୍ମୀଙ୍କ ଦୁହାଇଦେଇ କହୁଛି
ଦେଶ ବଦନାମ ନହେଉ

ସୁରକ୍ଷାକର୍ମୀ, ପୋଲିସ, ଡ଼ାକ୍ତର, ନ୍ୟାୟପାଳିକା
ଏପରିକି ଓଡିଶା ବା କୁଂଦୁଲି ମାଟିର
ଜଣକର ବି ସମ୍ମାନହାନି ମୁଁ ଚାହେଁନି

ଗୁହାରି କରୁଛି, ଏଇ କଥାକୁ ନେଇ
ଏଣିକି ରାଜନୀତି କରନି !

କାଲେ ଭବିଷ୍ୟତରେ
ମୋ କଷି ଜାମୁକୋଳି ଦେହ ଦେଖେଇ
ଦୁଷ୍କର୍ମକୁ ପ୍ରଘଟ କରିବି ବୋଲି
ଯଦି ସଂଦେହ କରୁଛ !

ତେବେ, ହେଇ ଦେଖ
ତମ ସାମ୍ନାରେ ଆତ୍ମହତ୍ୟା କଲି ।

■

ମନେ ପଡୁଛି

ଏ ଥର ଯାଇ ପାରିଲିନି ଗାଁକୁ
ଭାଇ ଜଉଁତିଆରେ !

ଯାଇ ପାରିଲିନି ବୋଲି
ମନେପଡୁଛି ସେଇ ଢୋଲର କଥା
ଯିଏ ହାଲକା ଶୀତରେ
ଜିଉଁତିଆର ସାରାରାତି କୁହୁଁରି କୁହୁଁରି ବାଜୁଥିଲା,

ମେମର ଘରର ଝିଅ
ଓଢଣି ତଳେ ମୁହଁ ଲୁଚେଇ
ଗୀତ ପଦେ ଗାଇଲା ତ'
ଅଷ୍ଟମୀର ଜହ୍ନରାତିରେ
ଚାଇଁଚାଇଁ ଢୋଲ ଲସ୍କି ଗଲା
ପାଳ ନିଆଁରେ ଢୋଲର ଚାୟାଁକୁ
ସେକିବାକୁ ପଡିଲା

ମନେପଡୁଛି ଛେଲିଏନ ବାଈର କଥା
ଗୁରଦୁଦିନ ହେଲା ଯିଏ
ଛେଳି ଚରେଇବା ଛାଡି ଦେଇଥିଲା
ଜହ୍ନିପତ୍ର ଓ କଖାରୁ ଶାଗକୁ ଲୋଭକରି

ପାହାନ୍ତାରେ ଉଠିପଡିଲା
ନେଞ୍ଜରାବନ୍ଧା ଆଖି ହେତୁ
ଦୁଆର ବନ୍ଧରେ ହିଟିପଡିଲା ତ'
ଅଣ୍ଟାହାଡ ଭାଙ୍ଗିଗଲା
ଏବେ ସେଲେଙ୍ଗି ସେଲେଙ୍ଗି
ଜୀବନ ବାହିବାକୁ ପଡିଲା,

ମନେପଡୁଛି, ଖଲଖଲ ପାଣିର ଧାର
ଯାହାକି ଆମ ବିଲରେ ବୋହି ଯାଉଥିଲା
ବଁକିକିରା, ଚକଡାପୋକ ଭୟରେ
ଭେଲୁଆ, କରଲା ଡାହିକୁ ଛିଣ୍ଡେଇ
ବିଲର ପାଣି ଧାରେ ଧାରେ
ରୋଇବାକୁ ପଡୁଥିଲା ତ
ଧାନଖେତ ଲଫଲଫ ହସୁଥିଲା

ଏସବୁ ମୋ ବାପାର କାମ ଥିଲା

ମନେପଡୁଛି
ଲକ୍ଷ୍ମୀପୂଜାର କଥା
ଭାଇଜିଉଁତିଆ ପରେପରେ ହିଁ
ଗାଁରେ ଆୟୋଜିତ ହେଉଥିଲା

ଯେତେ ଟଙ୍କା ବି ହେଉ
ପୂଜାସାମଗ୍ରୀ ସବୁ କିଣିଦେବି ବୋଲି
ନବେ ଦଶକରେ ମୁଁ ଯେବେ କହିଦେଲି ତ
ଗାଁରେ ଝଗଡା ଉପୁଜିଲା

ଅଛୁଆଁ ଲୋକର ପୂଜାସାମଗ୍ରୀରେ
ପୂଜା ହେଇପାରିବନି ବୋଲି

ସିଲଟ ଛୁଇଁ ନଥିବା ଲୋକଟି
ରଡିଛାଡିଲା ତ ପ୍ରତିବାଦ ଯୋରଧରିଲା
ଲକ୍ଷ୍ମୀପୂଜା ପ୍ରତି ସେଇଦିନୁ
ମନରେ ଛି'ଭାବ ଆସିଲା ,

ଏଥର ଯାଇପାରିଲିନି ଗାଁକୁ

ଯା' ଭିତରେ
ଭାଇ ଜିଉଁତିଆ ସରିଗଲା
ଡାଲଖାଇ ଦେବୀର ଚିତ୍ର ଆଙ୍କିବା
ଦୁବ ଘାସ, କୁକୁରଦାଁତି ଓ ମହୁଲ କାଠି ଯୋଗାଡିବା
କୁଶେର ଡାହି ଆଣିବା
ଶହେ ଆଠ ଅରୁଆ ଚାଉଳ ଗଣିବା
ଏ ସବୁସବୁ ହିଁ ତ ମୋର କାମ ଥିଲା !

ଦେଖ ତ
ସମୟକ୍ରମେ ସବୁ ପାସୋରିବାକୁ ପଡିଲା !

ଭଉଣୀମାନେ
ସଭିଏଁ ଏବେ ଯେ'ଯା'ର ଶାଶୁଘରେ
ବି କେତେକେ ମରିହଜି ଗଲେଣି
ତ' କେତେକ ଜଞ୍ଜାଳଶୀଳା
ଯିଏ ବି ଅଛନ୍ତି
ନିଜ ଝିଅ ପାଇଁ ଜିଉଁତିଆ ଯୋଗାଡୁଛନ୍ତି
ବ୍ୟସ୍ତ କରୁଛନ୍ତି, ତାଙ୍କ ପିଲାଝିଲା
ତେବେ ଭାଇ ହେଉ କି ଭଉଣୀ
ଜିଉଁତିଆ କଥା ଇ ନିଆରା

କାହିଁ କେଉଁଠି
ଢୋଲ ଶବ୍ଦ ଶୁଣିଲେ ଇ
ଗାଁ ଝିଅଙ୍କ ଦେହରେ
ଚିହିଁକି ଉଠେ ଯୁବତୀବେଳା

ଅନେକ ଇଚ୍ଛା ସତ୍ତ୍ୱେ ବି
ମୋର ଗାଁକୁ ଯିବା ନୋହିଲା

ପିଲାବେଳ କଥା ଜାକିଜୁକି ହେଇ
ମନର କେଉଁ ଏକ କଣରେ ଛପିଯାଇଛି ବୋଲି
ଅଳନ୍ଧୁ ଜମିଲାଣି ଯେ
ଏବେ ଆସ୍ତେଆସ୍ତେ ସ୍ମୃତିସବୁ
ଇତିହାସ ପାଲଟିବାକୁ ବସିଲା ।

■

ଠିଆ ଉଲଗ୍ନ

ଗୋଟେ ବପୁବତୀ ନାରୀ
ଥରଥର ଦୌଡୁଛି ସମ୍ପୂର୍ଣ୍ଣ ଠିଆ ଉଲଗ୍ନ

ପଛେପଛେ ଦଳେ ପୁରୁଷ(?) ପିଲା
ହୋ... ହୋ ... ବିକଟାଳ ରଡି ସହ
ଖୁନ୍ଦା, ଲାତ, ବିଧାରେ ଉନ୍ମତ୍ତ, ମଗ୍ନ

ମୁଁ ଦେଖିଲି, ବାରମ୍ବାର ଦେଖିଲି
ତା'ର ଏତେ ବଡବଡ
ପୂରିଲା ପୂରିଲା ସ୍ତନ ଯେ
ଦେଶର ସବୁ ଭୋକିଲା ଶିଶୁଙ୍କୁ
ପେଟ ପୂରେଇ ଦେବ

ପେଟ ଏତେ ଥଲଥଲ ଯେ
ଏଇ ମାଁ ହିଁ ଜନ୍ମକରିଛି
କର୍ଣ୍ଣ, ଏକଲବ୍ୟ ସମେତ
ଭାରତବର୍ଷର ସବା-ଶୋ-କରୋଡ଼
ଜନତାଙ୍କୁ ପରତେ ହେବ

ଆଉ ତା'ର ଜଙ୍ଘ !

ଜଙ୍ଘ ସନ୍ଧିରେ
ମକଚି ହୋଇଯିବେ
ଯେତେ ଯେତେ ଯୌନ ପିପାସୁ, ଧର୍ଷଣକାରୀ
ହାରାମଜାଦାମାନେ ଭଳି ବିଶ୍ୱାସ ହେବ

ହେ !
ଭାରତବର୍ଷର ଭଦ୍ର ପୁରୁଷମାନେ !

ତୁମେ କେବେ ଠିଆ ନଙ୍ଗଳା
ସହର ମଝି, ବିଚ ରାସ୍ତାରେ
ସୁଦୁ ଦିନ ବେଳଟାରେ ନାରୀଟାକୁ
ଗୋଡେଇ ଗୋଡେଇ ମାରିବା ଦେଖିଛ ?
ନା ମାରିବା ରାଲିରେ ସାମିଲ ହେଇଛ ?

ଆହା !

ଯେବେ ପଛପଟୁ
ତା'ର ପୁଅନାତି ସମାନ
ନିମରଦିଆଟିଏ ଦୌଡ଼ି ଆସି
ପିଚାରେ କସିକରି ନିର୍ଦ୍ଦୟ ଲାତଟିଏ ମାରିଲା ତ
ନାରୀଟି ଲଥକିନା ଭୂଇଁରେ ଟଳିପଡ଼ିଲା

ମୋତେ ଲାଗିଲା
ପାର୍ଲାମେଣ୍ଟ ଉପରେ ଉଡୁଥିବା
ଫୁରୁଫୁରୁ ତ୍ରିରଙ୍ଗାଟି
ତୁକୁଡାତୁକୁଡା ହେଇ ନିଆଁ ଲାଗିଗଲା

ଜଣେ ଲୋକ ତା' ବାଳ ଝିଙ୍କି
ଗଳାରେ ଗୋଟିଏ ଶକ୍ତ ଚଟକଣା ପକେଇଲା ତ

ଲାଗିଲା ସମ୍ବିଧାନର ସବୁ ପୃଷ୍ଠାରେ
ପରସ୍ତେ ଐତିହାସିକ ସରମ
ଲେପି ହୋଇଯିବା ଫଳରେ
ସବୁ ନିୟମକାନୁନର ଅକ୍ଷର ହଠାତ ଲିଭିଗଲା

ହେ !
ଭାରତବର୍ଷର ଭଦ୍ର ପୁରୁଷମାନେ !

କହି ପାରିବ

ଶ୍ରୀହରିକୋଟାରୁ ସୂର୍ଯ୍ୟଙ୍କ ପାଖକୁ
ଆଧୁନିକ ସାଟେଲାଇଟର ସଫଳ ପରୀକ୍ଷଣ ପାଇଁ
କେଉଁ ସରକାର ତାଳି ମାରିଥିଲା ?

ଦେଶରେ ସମ୍ପୂର୍ଣ୍ଣ ସାକ୍ଷର କାର୍ଯ୍ୟକ୍ରମ
କେବେଠୁ ଆରମ୍ଭ ହେଲା ?

କହିପାରିବ କି

ମହିଳା ସଶକ୍ତିକରଣ ଯୋଜନାର
କେତେ ବର୍ଷ ପୂର୍ତ୍ତି ହେଲା ?

କେଜାଣି କାହିଁକି
ସେ ନାରୀଟି ମା' କି ଭଉଣୀ ପରି
ଖୁବ ଚିହ୍ନାଚିହ୍ନା ଲାଗୁଥିଲା

ମୁଁ ଶଳା
ନପୁଂସକ, ବେହିଆ ଯେ ପ୍ରଦିବାଦ ପାଇଁ
କେବଳ ଧାଡିଏ କବିତା ଗାରେଇବା ଛଡା
ମୋର ପାଇଁ ଅନ୍ୟ କିଛି
ବିକଳ୍ପ ଇ ନଥିଲା ।

■

ମତାଧିକାରର ଉତ୍ସବ

ସବୁଥର ପରି
ଏଥର ବି ସିଏ ଆସୁଛି

ଆସୁଛି ହାତଯୋଡ଼ି, ହସିହସି
ଆଖି ଓଠ ନଚେଇ
ଆତ୍ମୀୟତାର ବିନ ବଜେଇ ବଜେଇ
ଯେମିତି ଆତ୍ମୀୟତାରେ ଜଣେ
ସାପୁଆକେଳା ବଜାଏ
ଏବଂ ଗୀତା ଗାଇ ଗାଇ
ଗାତର ଗୋଖରକୁ ସ୍ନେହରେ ଧରି
ନିର୍ଦ୍ଦୟ ଭାବେ ଭାଙ୍ଗିଦିଏ ତାର ବିଷ ଦାନ୍ତ

ଆସିବ ଦଉଡ଼ି ଖଟରେ ବସିବ
ଧୂଳିରେ ଠିଆହେବ
ଜଙ୍ଗଲି ଶାଗକୁ ପାଟିରେ ପୂରେଇବ
ସମୁଦି ପରି କୁଣ୍ଢେଇ ପକେଇବ
ଏବଂ ଏଥର ବି ଜୋରରେ ତଣ୍ଟି ଫଟେଇ
କହିବ, ତମ ସମସ୍ତଙ୍କ ପାକସ୍ଥଳୀରୁ
ସେଇ ଆଦିମ ଭୋକକୁ କାଢ଼ି
ଫିଙ୍ଗିଦେବି ହିମାଳୟ ଆରପଟେ

ତମ ଆବଶ୍ୟକତା ପୂରଣ ପାଇଁ
ଆଣିବି ଫୁଲାଫୁଲା ମେଘ ଆକାଶରୁ
ଯାହାର ରିମଝିମରେ ଭରି ରହିଥିବ
ତମ ଅଗଣା, ଜମିବାଡ଼ି
ବା'ର,ମାସ, ସମଗ୍ର ଆୟୁଷ

ଦୋହୋରେଇବ ସବୁ ବେକାରୀ ସମସ୍ୟାକୁ ଏକାଠି କରି
ନିଆଁ ଜଳେଇଦେବି ଗାଁ ମୁଣ୍ଡରେ
ଦଳେ ବିଦ୍ୱାନ ପଣ୍ଡିତକୁ ସହରରୁ ଆଣି
ବାନ୍ଧିଦେବି ଇସ୍କୁଲ ଅଗଣାରେ ଯେ
ପୋଥିପୁରାଣ ଧରି
ଗୁଣୁଗୁଣାଉ ଥିବେ ଦିନରାତି ତ
ଶିକ୍ଷିତ ହୋଇଯିବେ ଗାଁର ଗୋଡିମାଟି

ଏମିତି କେତେକେତେ କଥା କହି
ମଦ ଦେବ, ମହାପ୍ରସାଦ ଦେବ
କଥା କହିକହି ଭୂତେଇ ଦେବ

ଆମେ ନିଶାରେ, ଭକ୍ତିରେ ବାନ୍ଧିହେଇ
ବିକିଦେବୁ ମୁଣ୍ଡ

ମୁଣ୍ଡମାନଙ୍କ ପାହାଡରେ ବସି
ସେଇମିତି ଯୋଡ ହସ୍ତରେ
ଛଦ୍ମ ଆତ୍ମୀୟତାରେ
ସିଏ ଆମକୁ ଗୁରୁଗମ୍ଭୀର ଆଦେଶ ଦେବ

ଆମ ବୋକାମୀପଣକୁ
ଉପହାସ କରି କରି

ଦେଖୁଦେଖୁ ଦେଶ ପାଇଁ
ସିଏ ଆଦର୍ଶଟିଏ ପାଲଟିଯିବ

ଆମେ ଯେବେ ଚେତା ପାଇ
ଭୋକରେ, ଅଭାବରେ, ବେରୋଜଗାରରେ
ପୁଣିଥରେ ହାତଗୋଡ ଛାଟିବୁ
ଚିତ୍କାର କରିବୁ

ଆମର ଚିତ୍କାର ବୋଲି
ଆମ ପାଖରେ କିଛି ନଥିବ
କାରଣ ଆମ ମୁଣ୍ଡରେ ବସି, ଆମ ଜିଭମାନଙ୍କୁ ଧରି
ସିଏ ଆମ ଦେଶର ପତାକା ତଳେ
'ଜନ-ଗଣ-ମନ-ଅଧିନାୟକ ଜୟ ହେ' ଗାଉଥିବ

ସେ ଗୀତାଟି ଏତେ ଶୃଙ୍ଖଳିତ ଯେ
ତାର ସୁର ଶୁଣି ଆମର ଛଟପଟ ସବୁ
ସ୍ଥିର ଥବିର ହୋଇ ତତକ୍ଷଣାତ
ସାବଧାନ ମୁଦ୍ରାରେ ଠିଆ ହୋଇଉଠିବ

ବନ୍ଧୁଗଣ !
ପାଞ୍ଚ ବର୍ଷ ପୁରିବାକୁ ଯାଉଛି
ଏଥର ବି ଆମ ଘର, ଅଗଣା, ଗାଁକୁ ସିଏ ଆସୁଛି
ଆମେ କେମିତି ମନେଇବା
ଆମ ସାମ୍ବିଧାନିକ ମତ ଅଧିକାର ଉତ୍ସବ
ତାହା ଆମକୁ କେବଳ ଛାଡି ଦିଆଯାଇଛି ।

■

କିଏ ଏଇ ସାବିତ୍ରୀ ବାଈ ?

ସାବିତ୍ରୀ ବାଈ !
କିଏ ବୋଲି ପ୍ରଶ୍ନ କରିବା
ଆଜିର ଦିନରେ ହୁଏତ ସମସ୍ତ
ସମାଜଶାସ୍ତ୍ର, ଇତିହାସକୁ
ଅପମାନ କରିବା ସହ ସମାନ

ସାବିତ୍ରୀ ବାଈ !
ଏକ ମଞ୍ଜିର ନାଁ
ଯାହା, ବିନା ପାଣି ପବନରେ ଉଠି
ଦ୍ରୁମଟିଏ ପାଲଟିଗଲା
ଯାହାର ଛାଇ ତଳେ
ଆମେ ବଞ୍ଚିତ-ଭାରତୀୟ ମେଳିଛୁ
ଆଦର୍ଶ ଓ ସଂସ୍କାରର ପସରା

ସାବିତ୍ରୀ ବାଈ !
ଏକ ସ୍ଫୁଲିଙ୍ଗର ନାଁ
ଯାହା ଅଜ୍ଞାନତାର ଘୋର ଜଙ୍ଗଲକୁ
ଜାଳିପୋଡ଼ି ସଫା କରିଦେଲା,
ସେହି ପୋଡ଼ା ମାଟିରେ

ଆମେ ଅସହାୟ-ଭାରତୀୟ
ଶିକ୍ଷାର ପୋଡୁଚାଷକରି ପେଟ ପୂରାଉଛୁ

ସାବିତ୍ରୀ ବାଈ !
ଏକ ବିଚାରର ନାଁ
ଯେଉଁ ବିଚାର ଓଢଣି ଘୋଡ଼ି, ଧୂଆଁ ସାଲୁବାଲୁ
ରୋଷେଇ ଘରର ସମସ୍ତ ନାରୀକୁ
କାଣି ଆଙ୍ଗୁଠି ଧରି
ଅଂଧାରରୁ ଟାଣି ଆଣିଲା ଓ
ରାସ୍ତାର ଫର୍ଚ୍ଚା ଆଲୁଅ ଦେଖାଇ
ଓଠରେ ହସ ବୋଳିଦେଲା

ସାବିତ୍ରୀ ବାଈ !
ଏକ ସାହସର ନାଁ
ଯିଏ ରାସ୍ତାରେ ଠିଆ ହୋଇଗଲେ
ସମସ୍ତ ଟେକାପଥର ଫୁଲ ପାଲଟିଗଲା,
ସବୁ ଗୋବର-ଚୋଥା ଚନ୍ଦନ,
ସବୁ ଗାଳିଗୁଲଜ ପ୍ରେମର ଭାଷା ତ'
ସବୁ ଗର୍ବୀ ପୁରୁଷର ଅହଂକାର
ସାଷ୍ଟାଙ୍ଗ ପ୍ରଣାମଦେଲା

ସାବିତ୍ରୀ ବାଈ !
ଏକ ବତୀଘରର ନାଁ
ଯିଏ ମୂର୍ଖ ମଣିଷକୁ କରେଇଦେଲା
ମହାସମୁଦ୍ରରୁ ପାରି ତ'
ଅସହାୟ ବିଧବାକୁ ପିନ୍ଧେଇଦେଲା
ଆତ୍ମସମ୍ମାନର ପାଟଶାଢି

ସାବିତ୍ରୀ ବାଈ !
ଏକ ଆଦର୍ଶର ନାଁ
ଯିଏ ଅବହେଳିତ ବାଳିକାଙ୍କ ହାତରେ
ଖଞ୍ଜିଦେଲା ଆକାଶ ଉଡିବାର ଡେଣା ତ'
ପୁରାଣପୋଥିର ଅନ୍ଧ ଆଚରଣକୁ ଭାଙ୍ଗି
ନାରୀ ଓ ପୁରୁଷକୁ କରିଦେଲା ସମାନ

ଆପଣମାନେ !
ଆଜିକାଲି ନିର୍ଦ୍ଦିଷ୍ଟ
ପୁନା ସହରରେ ଖୋଜିଲେ
ସାବିତ୍ରୀ ବାଈକୁ ପାଇବେ ନାହିଁ,
ସିଏ ତ' କାହିଁ କୁଆଡ଼େ
ଗାଁ, ଗହଳି, ସହର, ନଗର
ପୂର୍ବ, ପଶ୍ଚିମ, ଉତ୍ତର, ଦକ୍ଷିଣରେ ପାଦ ଥାପିଛି

କେତେବେଳେ
କାଶ୍ମୀରୀ ନାରୀର ବୁର୍ଖାକୁ
ଆସ୍ତେଆସ୍ତେ କାଢୁଛି ତ'
ଗାଉଁଲି ତାମିଲ ସ୍କୁଲରେ
ଫ୍ରକପିନ୍ଧି ଡେଉଁଛି,

ଗଙ୍ଗାକୂଳ ବିଧବା ନାରୀର ପାପୁଲିରେ
ମେହେନ୍ଦି ଲଗାଉଛି ତ'
ସ୍ୱାଧୀନତା ଦିବସର ପରେଡ୍‌ରେ
ଠିଆହୋଇ ସଲାମୀ ନେଉଛି

ବୁଝିବେ ଯଦି, ସାବିତ୍ରୀ ବାଈ
ଦେଶର ଏକ ସର୍ବବୃହତ ନଦୀର ନାଁ
ଯାହାର କୁଳୁକୁଳୁ ସଂଗ୍ରାମୀ ଧାରର

ଟୋପାଏ ପାଣି
ପାଟିରେ ପଡ଼ିଲେ
ବେହୋସ ଜାରଜ ଭ୍ରୂଣଟି
ଚେତାଫେରି ମଣିଷ ରୂପ ଧରୁଛି

ବିଶ୍ୱାସ କର
ସାବିତ୍ରୀ ବାଈ, କାହା ପାଇଁ
ଅଭୁଲା ପ୍ରେମର ପ୍ରତୀକ ତ'
କାହା ପାଇଁ ନିଆଁ ହୁଲାଟିଏ ପାଲଟିଯାଇଛି

କ୍ରିୟା, କର୍ମ, ଉପମା, ନାମ, ସର୍ବନାମରେ
ଭରପୂର ଏକ ସମ୍ପୂର୍ଣ୍ଣ
ସାମାଜିକ ବ୍ୟାକରଣ ପୋଥିଟିଏ ହିଁ
ସାବିତ୍ରୀ ବାଈ !
ଯାହାକୁ ପ୍ରତ୍ୟେକ ବ୍ୟକ୍ତି
ଅନ୍ତତଃ ଜୀବନକାଳରେ
ଥରୁଟିଏ ପଢ଼ିବାର ଆବଶ୍ୟକତା ଅଛି !!

■

BLACK EAGLE BOOKS

www.blackeaglebooks.org
info@blackeaglebooks.org

Black Eagle Books, an independent publisher, was founded as a nonprofit organization in April, 2019. It is our mission to connect and engage the Indian diaspora and the world at large with the best of works of world literature published on a collaborative platform, with special emphasis on foregrounding Contemporary Classics and New Writing.

www.ingramcontent.com/pod-product-compliance
Lightning Source LLC
Chambersburg PA
CBHW020534080526
44583CB00013B/862
9781645602736